"Since its publication, Louw [and Nida's Greek-English Lexicon based on semantic] domains has become a stand[ard reference tool in biblical scholarship,] providing a clear picture of associations between words and groups of words in the Greek New Testament. Now, Mark Wilson has built on Louw and Nida's work, capitalizing on the association of terms within their semantic domains for the acquisition of vocabulary. What a great idea! This should be a very helpful tool for students moving beyond the basic building blocks toward reading proficiency."

—GEORGE H. GUTHRIE
Union University

"Nothing is more needed today than sermons that will communicate to today's congregations the timeless truths of God's inerrant word, and nothing is more needed in our seminaries than the preparation of pastors who can prepare messages based on the original text of Scripture. I highly recommend this book to all students as a helpful guide to learning the vocabulary of the Greek New Testament and as a supplement to [Louw and Nida's *Greek-English Lexicon*]."

—DAVID ALAN BLACK
Southeastern Baptist Theological Seminary

"As computer-aided study of New Testament Greek proceeds, teaching aids are being continually refined. This compilation of Greek words and other vocabulary lore gives us another valuable learning tool. Teachers will welcome it because it groups words in ways that make it easier to study and retain them in the memory. Students will greet it with acclaim because it makes New Testament vocabulary look less random and chaotic. Teachers and students alike will profit from scrutiny of these sanely organized word lists. This is a book to be warmly commended and heavily used. I think it will greatly reduce the fear of vocabulary study that some students develop because of the previous lack of just this kind of learning aid."

—ROBERT W. YARBROUGH
Trinity Evangelical Divinity School

Mastering
New Testament
GREEK
VOCABULARY
Through Semantic
Domains

Mastering
New Testament
GREEK
VOCABULARY
Through Semantic
Domains

Mark Wilson
with Jason Oden

Kregel
Academic & Professional

Mastering New Testament Greek Vocabulary Through Semantic Domains

Copyright 2003 by Mark Wilson

Published by Kregel Publications, a division of Kregel, Inc., P.O. Box 2607, Grand Rapids, MI 49501.

ISBN 0-8254-4115-3

Printed in the United States of America

03 04 05 06 07 / 5 4 3 2 1

Contents

Acknowledgments

The preparation of this guide required much hard work, patience, and teamwork. Special thanks are due to Jason Oden, who as a New Testament major at Oral Roberts University, took my idea for such a guide and laid out its framework as part of his senior paper project. That draft was greatly modified and expanded, but this final product rests on the foundation of his work.

Part of the analysis found in the "Method of Arrangement" chapter is likewise drawn from Jason's research. I thank the American Bible Society for permission to use the domain organization and glosses found in Johannes B. Louw and Eugene A. Nida's *Greek-English Lexicon of the New Testament Based on Semantic Domains*, published in 1989 by the United Bible Societies. This guide should direct many Greek students to use Louw and Nida's outstanding Greek reference work.

Much gratitude is due Dennis Hillman and Jim Weaver at Kregel Publications for their vision and support for this volume. I also thank the many readers whose suggestions have made this guide a better and more comprehensive tool. I dedicate it in particular to all my Greek students.

How to Use This Guide

Reading proficiency in the Greek New Testament is the goal of every student of biblical Greek. This guide has been conceived to assist in accomplishing that task. Students find out quickly that learning biblical Greek requires much rote memorization. William Mounce writes, "Probably the greatest obstacle to learning, and continuing to use, biblical Greek is the problem of rote memorization."[1] This is certainly true of vocabulary acquisition.

Research related to language study has demonstrated that using semantic domains is one of the most productive ways to acquire and retain vocabulary. *Mastering Greek Vocabulary Through Semantic Domains* is organized according to the semantic domains found in the *Greek-English Lexicon of the New Testament Based on Semantic Domains* by Johannes P. Louw and Eugene A. Nida.[2] Vocabulary words are presented in domains of meaning such as Animals, Plants, or Agriculture. Such organization facilitates memorization. For example, in Domain 60, "Number," all the numbers used in the New Testament are presented. Instead of memorizing these in random lists, the student learns the numbers in order, just as a child learns to count. Because this volume is organized by word meanings, it is unlike other guides that are usually organized by word frequency or cognate word groups.

The Greek New Testament contains a vocabulary list of 5,437 words. First-year Greek students typically acquire a vocabulary of fewer than 500 words. For example, Mounce in his widely used textbook *Basics of Biblical Greek* presents students with every word used fifty times or more. He adds six others, thus introducing only 319 words. This volume, like other vocabulary guides, presents the 1,067 words used ten times or more. Students are also introduced to cognate words used fewer than ten times. Such words are usually found in the same domain(s). For example, in Domain 1E νέφος, meaning "cloud" and used only one time, is found. It is listed under its cognate νεφέλη, which is used twenty-five times. This group totals 1,557 words. Cognate word groups with more than ten occurrences are also included. For example, in Domain 1I the Greek cognates νῆσος, meaning "island" (9) and νησίον, meaning "small island" (1) are presented. The ἐπιποθέω cognate group in Domain 25B is an example of the limitations of numerical word lists. Ἐπιποθέω occurs only nine times, so would be excluded from such lists. Yet with its two related nouns and an adjective, the cognate group occurs thirteen times. Such cognate groups total 505 words. Additionally, there are 132 words directly transliterated into English. An example is ἀήρ ("air"), which is used only seven times, found in Domain 2B. A final group totaling ninety-three words consists of less familiar English cognates. These are enclosed in braces { } as in the entry in Domain 1H for σπήλαιον, meaning "cave" {spelunker}.

The final domain presents the proper names used in the New Testament. These should be easily recognized, as most are transliterated in the English Bible. These total 554 words. Students using this guide are introduced to 3,911 words through a system that is logical and facilitates memorization. Through *Mastering Greek Vocabulary*, Greek students are introduced to 72 percent of all the words in the Greek New Testament.

For professors and interested students, a detailed methodology concerning the formulation of *Mastering Greek Vocabulary* can be found in "Method of Arrangement." Word frequencies provided after the English glosses are drawn from Warren C. Trenchard's *The Student's Complete Vocabulary Guide to the Greek New Testament* and from the *BibleWorks* computer software program.[3]

Abbreviations and Symbols

acc.	accusative
adj.	adjective

adv.	adverb
Aram.	Aramaic
c.	circa (about)
cf.	confer (compare)
comp.	comparative
dat.	dative
gen.	genitive
Heb.	Hebrew
impers.	impersonal
impv.	imperative
intrans.	intransitive
lit.	literally
mid.	middle
neut.	neuter
partic.	participle
pass.	passive
perf.	perfect
pl.	plural
subst.	substantival
superl.	superlative
trans.	transitive

Brackets [ ] contain explanatory material
Braces { } contain English cognates
Parentheses ( ) contain the number of occurrences in the Greek New Testament

Notes

1. William D. Mounce, *Basics of Biblical Greek* (Grand Rapids: Zondervan, 1993), x.
2. Johannes P. Louw and Eugene A. Nida, *Greek-English Lexicon of the New Testament Based on Semantic Domains* (New York: United Bible Societies, 1989).
3. Warren C. Trenchard, *The Student's Complete Vocabulary Guide to the Greek New Testament* (Grand Rapids: Zondervan, 1992); *BibleWorks* (Bigfork, Mont.: Hermeneutika).

Greek Word Construction

The student should review the patterns of the prefixes and suffixes found in Greek words. Understanding the Greek morphological system is an important tool for recalling word meaning. David Alan Black has conveniently categorized these:[1]

Prefixes	Meanings
εὐ-	good, well
παν-	all, every
ἀγαν-	very
ἀρτι-	lately
παλιν-	again
τηλε-	afar off
ἀ-privative	not, without
ἀ-copulative	with, union
ἀ-intensive	very, much
ἀμφι-	on both sides
ἀρχι-	chief, first
δυσ-	ill, difficult
ἡμι-	half
νη-	not, without

Noun Suffixes:

1. Nouns denoting *action* or *process* are formed with -σις (-τις, -μις, -ψις), -μος, -εια, and -μη.
2. Nouns denoting *result* are formed with -μα and -ος.
3. Nouns denoting an *agent* are formed with -της, -ευς, -γος, and -ων.
4. Abstract nouns denoting *quality* or *condition* are formed with -ια, -συνη, and -ος.

5. Nouns denoting *place* are formed with -τηριον, -ων, and -ειον.
6. Nouns denoting *characteristic* or *condition* are formed with -ολος.
7. Diminutive nouns denoting *smallness* or *affection* are formed with -ιον and -ισκος (-ισκη).

Adjective Suffixes:

1. Adjectives meaning *full of* are formed with -ρος, -ρα, and -ρον.
2. Adjectives meaning *belonging to* or *possessing* are formed with -ιος, -ια, and -ιον.
3. Adjectives with *perfect passive participle* meaning or expressing *possibility* are formed with -τος, -τη, and -τον.
4. Adjectives used as *nouns* are formed with -λος, -λη, and -λον.
5. Adjectives expressing a *quality* are formed with -ης and -ες.
6. Adjectives expressing *characteristic* or *tendency* are formed with -ικος, -ικη, and -ικον.
7. Adjectives denoting *material* are formed with -ινος, -ινη, and -ινον.

Verb Suffixes:

1. Verbs denoting an *action* or *state* are formed with -άω, -έω, and -εύω.
2. Verbs expressing *causation* are formed with -όω, -αίνω, ύνω, and -ίζω.
3. Verbs denoting *forcible* or *repeated* action are formed with -άζω.
4. Verbs denoting the *beginning* of an action are formed with -σκω.

Adverb Suffixes:

1. Adverbs denoting *place where* are formed with -ι, -σι, and -ου.
2. Adverbs denoting *place whence* (from where) are formed with -θεν.
3. Adverbs denoting *direction whither* (to where) are formed with -δε and -σε.
4. Adverbs denoting *time* are formed with -τε.
5. Adverbs denoting *manner* are formed with -ως.
6. Adverbs denoting *number* are formed with -ις and -κις.

Notes

1. David Alan Black, *Linguistics for Students of New Testament Greek*, 2d ed. (Grand Rapids: Baker, 1995), 62–71. Black provides numerous Greek examples for each of these categories. Used by permission of the publisher.

Method of Arrangement

Louw and Nida's *Greek-English Lexicon of the New Testament Based on Semantic Domains* has been a useful guide for Greek lexicography since 1988. The fruit of their research has aided translators, scholars, and students in the study of the Greek language. Because this vocabulary reference tool uses the semantic domains employed by Louw and Nida, it is necessary to explain briefly the principles of analysis and classification governing the content of the domains. (A more detailed explanation of their techniques and procedures can be found in the introduction to *Greek-English Lexicon of the New Testament*, as well as in the supplemental book, *Lexical Semantics of the Greek New Testament*.[1]) Louw and Nida's lexicon contains ninety-three domains arranged in seven basic divisions of semantic classes of lexemes: entities or objects (1–12); events or activities (13–57); abstracts or characteristics (58–88); relations (89–90); discourse markers (91); discourse referentials (92); and proper names (93). The majority consists of subdomains that distinguish the words further.[2] The only additions to the domains have occurred in Domain 93, where six subdomains have been added.

There are, however, some divergences between Louw and Nida's lexicon and *Mastering Greek Vocabulary* due to differing intentions for the respective works. Domains and subdomains that do not contain words or cognate groups used ten times or more (or any English cognates) are of necessity omitted. This has not occurred often; 48 is the only domain missing, although a number of subdomains are absent. For example, Domain 2 begins with B because the word in Subdomain A does not meet the criteria for inclusion. Minor rearrangements have been made within domains and subdomains to group cognate words together. Occasionally low frequency words have been moved to join cognates with related meanings, lest they not appear at all. For example, δακρύω ("I weep") used one time was moved from 25L to 8C to join δάκρυον ("tear").

Some domains have considerable overlap and the placement of words into a particular domain is indeed subjective. For example, 34A overlaps with 57A, so it is difficult to limit a word solely to one of these domains. The μετέχω word group had two words in 34A and two in 57A. By restricting them to their respective domains, neither had ten occurrences. However, by joining all four in 57A, a cognate group of words with seventeen occurrences resulted.

Since this is a vocabulary guide, one primary divergence from the lexicon is that every meaning given in these lists is what Louw and Nida call a *gloss* (or an English reference). These are not detailed definitions. Louw and Nida provide such definitions, along with glosses, for all the various meanings of a lexeme within its semantic domain(s). This contrasts with most dictionaries of biblical Greek, such as Barclay Newman's familiar *Concise Greek-English Dictionary of the New Testament*.[3] These dictionaries only use glosses for the basic meaning of words. Louw and Nida rightly point out that glosses fail to provide the distinctive features of meaning and can at times be misleading. They note several examples where an accurate definition may require a somewhat lengthy description.[4] Yet even Louw and Nida are forced to use glosses. Volume 2 of the lexicon provides a "Greek-English Index" that lists glosses for every entry. It might be asked how the methodological intent of Louw and Nida's lexicon can be harmonized with *Mastering Greek Vocabulary*. Although the latter uses glosses and not detailed definitions, both share a semantic domain approach. Thus certain goals of the lexicon, such as revealing the subtle distinctions among words with similar meanings and eliminating the idea that words have one basic meaning, can in part be realized. For example, the words σφάζω ("I slaughter, I murder") and ἀναιρέω ("I kill") in Domain 20D can be distinguished in meaning by the use of glosses alone.

Glosses clearly cannot give nuances of meanings for Greek words offered in detailed definitions, yet their benefits should not be minimized. They are very helpful for beginning Greek students because they allow students to acquire a basic but adequate reading knowledge of the Greek text. For students of Greek vocabulary, learning semantically organized glosses rather than detailed definitions circumvents countless hours of study and aids in memorization while expanding vocabulary. Mounce claims, "So many would-be-exegetes lose their ability to use language study because they are not able to work in the language on a continuing basis." He argues that the nonessentials of the Greek language should be reduced in order for the students to easily learn and retain it.[5] *Mastering Greek Vocabulary* organizes and classifies Greek words into mnemonic groups so that students can interact with the original Greek text in a shorter time.

Most of the glosses in *Mastering Greek Vocabulary* are identical with those given by Louw and Nida and consistent with the definitions in the lexicon. (Sometimes the glosses in Louw and Nida's index in vol. 2 differ from those in their lexicon.) Occasionally this volume suggests glosses not given by Louw and Nida. One example is ἑρμηνεύω and μεθερμηνεύω, for which the suggested glosses in Louw and Nida are "to translate, to interpret." However, neither the NRSV nor the NIV uses "to interpret." Instead, "I mean" or "I translate" is preferred in these translations. For this reason, these words have been added to 33J, under the heading "Interpret, Mean, Explain." In 90M a gloss for συνέχω not found in the lexicon has been introduced: "I suffer with." This is used several times in the passive voice regarding Jesus' healing ministry. This gloss takes precedence over "control" in 37A, which is used only once. Προσφέρω is added to 53B to join its noun form προσφορά, correcting an apparent omission in the lexicon.

Sometimes a problem arises with suggested glosses that are not often used by the recent benchmark translation committees for the NIV and NRSV. Vocabulary lists usually suggest "adequate" and "sufficient" as glosses for ἱκανος. However, the former is never used in the NIV or NRSV, and the latter is used only once. The glosses "many" (59A) and "large" (59B) are predominantly used in these recent translations of ἱκανος, yet these are absent from the guides. Another frequent translation is "worthy," but that possible gloss is not mentioned in Louw and Nida. Here it has been inserted in 65B, "Worthy, Not Worthy." Providing glosses for low-frequency words is more difficult. For words used fewer than ten times, Louw and Nida's glosses have been checked against the NIV and NRSV and occasionally the NKJV, so that they might be in conformity. The goal is that students learn glosses from the popular translations that they will encounter in their reading and use. Such familiarity will aid in recalling low-frequency words.

Learning vocabulary through semantic domains is not entirely new. Although a vocabulary reference for biblical Greek has never been classified in this way, it is not unique in the field of vocabulary pedagogy either for modern or ancient languages. Walter Ripman, in his *A Handbook of the Latin Language*, published in 1930, organized vocabulary in his Latin dictionary into fifty domains with numerous subdomains "arranged in groups according to the meaning."[6] The noted New Testament scholar I. Howard Marshall, himself a student of Latin, claimed that Ripman's reference was "an extremely useful way of organizing the material for a student learning Latin vocabulary."[7]

Learning Greek vocabulary from a list arranged alphabetically or by word frequency might seem simple at first. But even memorizing the Greek words used ten times or more (1,067 words) becomes challenging. When students try to learn vocabulary from such word lists, they are at a disadvantage because of the decontextualized nature of such lists. For example:

δέησις, εως, ἡ	entreaty
δείκνυμι	I show, explain
δεῖπνον, ου, τό	supper
δέκα	ten

δένδρον, ου, τό	tree
δεξιός, ά, όν	right

The problem is that the mind must shift to a different concept for each lexical entry. While a few students may be able to use this method without problems, most will simply cram to learn the vocabulary words for a test and then promptly forget them. If the majority instead utilized a word list that was classified by domains, they would be able to focus on one concept encompassing a group of words. For example, see the following from Domain 1, "Geographical Objects and Features" in Subdomain J, "Bodies of Water."

θάλασσα, ης, ἡ	sea, lake (91)
παραθαλάσσιος, α, ον	by the sea or lake (1)
διθάλασσος, ον	between the seas (1)
λίμνη, ης, ἡ	lake (10)
λιμήν, ένος, ὁ	harbor (2)
πέλαγος, ους, τό	open sea {archipelago} (2)
ποταμός, οῦ, ὁ	river (17)
ποταμοφόρητος, ον	carried away by a river (1)
πηγή, ῆς, ἡ	spring (11)

Here students are introduced to nine words with related meanings. This type of word list allows students to use mnemonic qualities of association and concept continuity for a more productive approach to vocabulary acquisition. Four of the words are used ten or more times. Students also learn four cognate words that, while used infrequently, are easily recognized. The student also learns one low-frequency word that has an English cognate. In addition to greater ease of memorization, the semantic domain approach better prepares students for the sight recognition of low-frequency words. This guide can be used in various ways in the Greek curriculum, and comments regarding classroom use are welcomed by the author at markwilson@sevenchurches.org. Such suggestions can be shared with other Greek professors.

Notes

1. Eugene A. Nida and Johannes P. Louw, *Lexical Semantics of the Greek New Testament: A Supplement to the Greek-English Lexicon of the New Testament Based on Semantic Domains* (Atlanta: Scholars Press, 1992).
2. Ibid., 107.
3. Barclay Newman, *Concise Greek-English Dictionary of the New Testament*, 4th ed. (New York: United Bible Societies, 1993).
4. *Greek-English Lexicon of the New Testament*, 1:vii–viii.
5. Mounce, *Basics of Biblical Greek*, x.
6. Walter Ripman, *A Handbook of the Latin Language* (London: Dent, 1930), v.
7. I. Howard Marshall, "Greek-English Lexicon of the New Testament Based on Semantic Domains," *Evangelical Quarterly* 62 (1990):183–86.

1. Geographical Objects and Features

A. Universe, Creation

κόσμος, ου, ὁ   universe; cf. 1F: world (186)

B. Regions Above the Earth

οὐρανός, οῦ, ὁ   heaven, sky (273)
ἐπουράνιος, ον   heavenly (19)
οὐρανόθεν   from heaven (2)
μεσουράνημα, τος, τό   midheaven (3)
οὐράνιος, ον   heavenly (9)
ὕψιστος, ου, ὁ   highest [heaven]; cf. 12A: Most High (13)
ὕψος, ους, τό   on high; cf. 81B: height (6)
παράδεισος, ου, ὁ   paradise (3)

C. Regions Below the Surface of the Earth

ᾅδης, ου, ὁ   Hades (10)
ἄβυσσος, ου, ἡ   Abyss; bottomless pit (9)
γέεννα, ης, ἡ   Gehenna, hell (12)

D. Heavenly Bodies

ἥλιος, ου, ὁ   sun (32)
σελήνη, ης, ἡ   moon (9)
σεληνιάζομαι   I am an epileptic {lit. "I am moonstruck"} (2)
ἀστήρ, έρος, ὁ   star (24)
ἄστρον, ου, τό   star (4)
φωστήρ, ῆρος, ὁ   star (2)
φωσφόρος, ου, ὁ   morning star (1)

E. Atmospheric Objects

νεφέλη, ης, ἡ   cloud (25)
νέφος, ους, τό   cloud (1)
καπνός, οῦ, ὁ   smoke (13)

F. The Earth's Surface

γῆ, γῆς, ἡ   earth; cf. 1I: land; 2E: soil, ground (254)

ἐπίγειος, ον	earthly (7)
οἰκουμένη, ης, ἡ	world (15)
κόσμος, ου, ὁ	world; cf. 1A: universe (186)
κοσμικός, ή, όν	worldly, earthly (2)

G. Elevated Land Formations

ὄρος, ους, τό	mountain, mount (63)
ὀρεινός, ή, όν	hill country (2)

H. Depressions and Holes

χάσμα, τος, τό	chasm (1)
σπήλαιον, ου, τό	cave {spelunker} (6)

I. Land in Contrast with the Sea

γῆ, γῆς, ἡ	land; cf. 1F: earth; 2E: soil, ground (254)
νῆσος, ου, ἡ	island (9)
νησίον, ου, τό	small island (1)

J. Bodies of Water

θάλασσα, ης, ἡ	sea, lake (91)
παραθαλάσσιος, α, ον	by the sea/lake (1)
διθάλασσος, ον	between the seas (1)
λίμνη, ης, ἡ	lake (11)
λιμήν, ένος, ὁ	harbor (2)
πέλαγος, ους, τό	open sea {archipelago} (2)
ποταμός, οῦ, ὁ	river (17)
ποταμοφόρητος, ον	carried away by a river (1)
πηγή, ῆς, ἡ	spring (11)

K. Sociopolitical Areas

χώρα, ας, ἡ	country, land, region (28)
περίχωρος, ου, ἡ	surrounding country/region (9)
ὅριον, ου, τό	[pl.] region (12)
μέρος, ους, τό	[pl.] region; cf. 63D: part, share (42)
πατρίς, ίδος, ἡ	homeland, hometown {patriot} (8)

M. Areas Which Are Uninhabited or Only Sparsely Populated

ἔρημος, ον	[subst.] desert, wilderness; cf. 85E: deserted, desolate (48)
ἐρημία, ας, ἡ	desert, wilderness (4)

N. Population Centers

πόλις, εως, ἡ	city, town (171)
κολωνία, ας, ἡ	colony (1)
κώμη, ης, ἡ	village, town (27)
κωμόπολις, εως, ἡ	town (1)
παρεμβολή, ῆς, ἡ	camp; cf. 7B: barracks (10)

O. Pastures and Cultivated Lands

χωρίον, ου, τό	field, place (10)
ἀγρός, οῦ, ὁ	field (36)
ἄγριος, α, ον	wild (3)

P. Thoroughfares: Roads, Streets, Paths

ὁδός, οῦ, ἡ	road; cf. 15B: journey; 41A: way (101)
ἄμφοδον, ου, τό	street (1)
διέξοδος, ου, ἡ	street outlet (1)

2. Natural Substances

B. Air

ἀήρ, έρος, ὁ	air (7)

C. Fire

πῦρ, ός, τό	fire (71)
πυρά, ᾶς, ἡ	fire (2)
πυρόομαι	I burn (6)
πύρωσις, εως, ἡ	burning (3)
ἀναζωπυρέω	I rekindle (1)
πυρέσσω	I have a fever (2)
πυρετός, οῦ, ὁ	fever (6)

D. Water

ὕδωρ, ὕδατος, τό	water (78)
ὑδρία, ας, ἡ	water jar (3)
ἄνυδρος, ον	waterless (4)
ὑετός, οῦ, ὁ	rain (5)

E. Earth, Mud, Sand, Rock

γῆ, γῆς, ἡ	soil, ground; cf. 1F: earth; 1I: land (254)
ὀστράκινος, η, ον	made of clay {ostracon} (2)
πέτρα, ας, ἡ	rock (15)
πετρῶδες, ους, τό	rocky ground (4)
λίθος, ου, ὁ	stone (59)
λίθινος, η, ον	made of stone (3)
λιθόστρωτον, ου, τό	stone pavement (1)

F. Precious and Semiprecious Stones and Substances

ἴασπις, ιδος, ἡ	jasper (4)
σάπφιρος, ου, ἡ	sapphire (1)
χαλκηδών, όνος, ὁ	chalcedony, agate (1)
σαρδόνυξ, υχος, ὁ	sardonyx, onyx (1)
χρυσόλιθος, ου, ὁ	chrysolite (1)
βήρυλλος, ου, ὁ, ἡ	beryl (1)
τοπάζιον, ου, τό	topaz (1)
χρυσόπρασος, ου, ὁ	chrysoprase (1)
ὑάκινθος, ου, ὁ	jacinth, hyacinth (1)
ἀμέθυστος, ου, ἡ	amethyst (1)
ἐλεφάντινος, η, ον	made of ivory {elephant} (1)
κρύσταλλος, ου, ὁ	crystal (2)
κρυσταλλίζω	I shine like crystal (1)

G. Metals

χρυσίον, ου, τό	gold (12)
χρυσός, οῦ, ὁ	gold (10)
χρυσοῦς, ῆ, οῦν	golden, made of gold (18)
χρυσόομαι	I am adorned with gold (2)
ἀργύριον, ου, τό	silver; cf. 6K: silver coins (20)

ἄργυρος, ου, ὁ   silver (5)
ἀργυροκόπος, ου, ὁ   silversmith (1)
ἀργυροῦς, ᾶ, οῦν   made of silver (3)

3. Plants

B. Trees

δένδρον, ου, τό   tree (25)
ξύλον, ου, τό   tree; cf. 3F: wood; 6F: cross (20)
συκῆ, ῆς, ἡ   fig tree (16)
σῦκον, ου, τό   fig (4)
συκομορέα, ας, ἡ   sycamore tree (1)
ἐλαία, ας, ἡ   olive tree; cf. 3B: olive (15)
καλλιέλαιος, ου, ἡ   cultivated olive tree (1)
ἀγριέλαιος, ου, ἡ   wild olive tree (2)
ἐλαιών, ῶνος, ὁ   olive grove (3)

C. Plants That Are Not Trees

βοτάνη, ης, ἡ   plant {botany} (1)
χόρτος, ου, ὁ   grass, hay (15)
ἄκανθα, ης, ἡ   thorn, thornbush (14)
ἀκάνθινος, η, ον   thorny (2)
κύμινον, ου, τό   cumin (1)
ὕσσωπος, ου, ὁ, ἡ   hyssop (6)
ἄμπελος, ου, ἡ   vine, grapevine (9)
ἀμπελών, ῶνος, ὁ   vineyard (23)
ἀμπελουργός, οῦ, ὁ   vinedresser (1)
σῖτος, ου, ὁ   wheat; cf. 3D: grain (14)

D. Fruit Parts of Plants

καρπός, οῦ, ὁ   fruit; cf. 43: harvest, crop (67)
σπέρμα, τος, τό   seed; cf. 10B: descendant (43)
σπόρος, ου, ὁ   seed {spore} (6)
σπορά, ᾶς, ἡ   seed (1)
σπόριμα, ων, τά   grainfields (3)
ἐλαία, ας, ἡ   olive; cf. 3B: olive tree (15)

σῖτος, ου, ὁ   grain; cf. 3C: wheat (14)
σιτίον, ου, τό   grain (1)
σιτευτός, ή, όν   grain-fattened (3)
σιτιστός, ή, όν   grain-fattened (1)
σιτομέτριον, ου, τό   grain allowance (1)

E. Non-Fruit Parts of Plants

ῥίζα, ης, ἡ   root (17)
ῥιζόομαι   I am rooted (2)
ἐκριζόω   I uproot (4)
κλάδος, ου, ὁ   branch (11)
κλῆμα, τος, τό   branch (4)
φύλλον, ου, τό   leaf {phyllome} (6)
κάλαμος, ου, ὁ   reed; cf. 6V: measuring rod (12)
καλάμη, ης, ἡ   straw (1)

F. Wood and Wood Products

ξύλον, ου, τό   wood; cf. 3B: tree; 6F: cross (20)
ξύλινος, η, ον   wooden (2)
ἄνθραξ, ακος, ὁ   charcoal {anthracite} (1)
ἀνθρακιά, ᾶς, ἡ   charcoal fire (2)

4. Animals

A. Animals

ζῷον, ου, τό   living creature, animal (23)
θηρίον, ου, τό   beast, animal (46)
θήρα, ας, ἡ   trap (1)
θηρεύω   I catch (1)
λέων, οντος, ὁ   lion (9)
ταῦρος, ου, ὁ   bull (4)
πρόβατον, ου, τό   sheep (39)
προβατικός, ή, όν   pertaining to sheep (1)
ἀρνίον, ου, τό   Lamb, lamb (30)
ἀρήν, ἀρνός, ὁ   lamb (1)
πάσχα, τό   Passover lamb; cf. 51: Passover [Feast],
                                        Passover meal (29)

ἵππος, ου, ὁ	horse (17)
ἱππεύς, έως, ὁ	horseman (2)
ἱππικόν, οῦ, τό	cavalry (1)
κάμηλος, ου, ὁ, ἡ	camel (6)
πῶλος, ου, ὁ	colt (12)
χοῖρος, ου, ὁ	pig (12)

B. Birds

πετεινόν, οῦ, τό	bird (14)
πέτομαι	I fly (5)
πτηνόν, οῦ, τό	bird (1)
πτέρυξ, υγος, ἡ	wing (5)
ὄρνεον, ου, τό	bird {ornithology} (3)
ὄρνις, ιθος, ἡ	hen (2)
περιστερά, ᾶς, ἡ	dove, pigeon (10)
ἀλέκτωρ, ορος, ὁ	rooster, cock (12)
ἀλεκτοροφωνία, ας, ἡ	crowing of a rooster (1)

D. Reptiles and Other "Creeping Things"

ἑρπετόν, οῦ, τό	reptile {herpetology} (4)
ὄφις, εως, ὁ	snake, serpent (14)
ἀσπίς, ίδος, ἡ	asp (1)
δράκων, οντος, ὁ	dragon (13)
σκορπίος, ου, ὁ	scorpion (5)

E. Fishes and Other Sea Creatures

ἰχθύς, ύος, ὁ	fish (20)
ἰχθύδιον, ου, τό	small fish (2)

5. Foods and Condiments

A. Food

ἄρτος, ου, ὁ	food, bread, loaf (97)
τροφή, ῆς, ἡ	food (16)
διατροφή, ῆς, ἡ	food (1)

βρῶμα, τος, τό	food, meat (17)
βρῶσις, εως, ἡ	food; cf. 23A: eating (11)
ζύμη, ης, ἡ	yeast, leaven (13)
ζυμόω	I leaven (4)
ἄζυμος, ον	without yeast, unleavened; [subst.] Unleavened Bread [Feast] (9)
μάννα, τό	manna (4)

B. Condiments

κιννάμωμον, ου, τό	cinnamon (1)
ἅλας, ατος, τό	salt (7)
ἁλυκός, ή, όν	salty (1)
ἄναλος, ον	without saltiness (1)
ἁλίζω	I salt (2)

6. Artifacts

A. Artifacts (General Meaning)

σκεῦος, ους, τό	object; cf. 6P: vessel, jar; 57A: (pl.) property (23)
σκευή, ῆς, ἡ	tackle (1)

B. Instruments Used in Agriculture and Husbandry

ζυγός, οῦ, ὁ	yoke (6)
σύζυγος, ου, ὁ	yokefellow (1)
ἑτεροζυγέω	I am unequally yoked (1)
ὑποζύγιον, ου, τό	donkey (2)
ζεῦγος, ους, τό	yoke, pair (2)
συζεύγνυμι	I join together (2)

C. Instruments Used in Fishing

δίκτυον, ου, τό	net (12)

D. Instruments Used in Binding and Fastening

δεσμός, οῦ, ὁ	chain; cf. 37H: imprisonment (20)
σύνδεσμος, ου, ὁ	chain, bond (4)

ἄλυσις, εως, ἡ   chain; cf. 37H: imprisonment (11)

F. Instruments Used in Punishment and Execution

σταυρός, οῦ, ὁ   cross (27)
ξύλον, ου, τό   cross; cf. 3B: tree; 3F: wood (20)

G. Weapons and Armor

μάχαιρα, ης, ἡ   sword (29)

H. Boats

πλοῖον, ου, τό   boat, ship (67)
πλοιάριον, ου, τό   small boat (4)
ἄγκυρα, ας, ἡ   anchor (4)

J. Instruments Used in Marking and Writing

σφραγίς, ῖδος, ἡ   seal (16)
σφραγίζω   I seal (17)
κατασφραγίζω   I seal (1)
πλάξ, πλακός, ἡ   tablet {plaque} (3)
ἐπιστολή, ῆς, ἡ   letter, epistle (24)
ἐπιστέλλω   I write a letter (3)
βιβλίον, ου, τό   scroll, book (34)
βίβλος, ου, ἡ   scroll, book (10)
βιβλαρίδιον, ου, τό   book, little scroll (3)

K. Money and Monetary Units

νόμισμα, τος, τό   coin {numismatics} (1)
ἀργύριον, ου, τό   silver coin; cf. 2G: silver (20)
δηνάριον, ου, τό   denarius (16)
δραχμή, ῆς, ἡ   drachma [= c. 1 denarius] (3)
ἀσσάριον, ου, τό   assarion [= 1/16 of a denarius] (2)
κοδράντης, ου, ὁ   quadrans [= 1/4 of an assarion] (2)
λεπτόν, οῦ, τό   lepton [= 1/2 quadrans or
                                  1/128 denarius] (3)
στατήρ, ῆρος, ὁ   stater [= two didrachmas or c. four
                                  denarii] (1)

μνᾶ, ᾶς, ἡ   mina [= 100 denarii] (9)
τάλαντον, ου, τό   talent [silver = c. 6000 denarii; gold =
                                    c. 180,000 denarii] (14)

L. Musical Instruments
σάλπιγξ, ιγγος, ἡ   trumpet, trumpet call (11)
σαλπίζω   I sound the trumpet (12)
σάλπιστής, οῦ, ὁ   trumpeter (1)
κύμβαλον, ου, τό   cymbal (1)

M. Images and Idols
εἰκών, όνος, ἡ   image (23)
εἴδωλον, ου, τό   idol (11)
κατείδωλος, ον   full of idols (2)
χερουβίν, τά   [pl.] cherubim (1)

N. Lights and Light Holders
λαμπάς, άδος, ἡ   lamp, torch (9)
λύχνος, ου, ὁ   lamp (14)
λυχνία, ας, ἡ   lampstand (12)

O. Furniture
κλίνη, ης, ἡ   bed (9)
κλινίδιον, ου, τό   bed (2)
κλινάριον, ου, τό   bed (1)
θρόνος, ου, ὁ   throne (62)
τράπεζα, ης, ἡ   table; cf. 57Q: bank (15)

P. Containers
σκεῦος, ους, τό   vessel, jar; cf. 6A: object; 57A: [pl.]
                                    property (23)
ποτήριον, ου, τό   cup (31)
φιάλη, ης, ἡ   bowl (12)
κεράμιον, ου, τό   jar {ceramic} (2)
κεραμεύς, έως, ὁ   potter (3)
κεραμικός, ή, όν   made of clay (1)

κέραμος, ου, ὁ — tile (1)
ἀλάβαστρον, ου, τό — alabaster jar (4)
ἀσκός, οῦ, ὁ — wineskin (12)
σπόγγος, ου, ὁ — sponge (3)

Q. Cloth, Leather, and Objects Made of Such Materials

ἱμάτιον, ου, τό — clothes, clothing, garment (60)
ἱματισμός, οῦ, ὁ — clothes, clothing (5)
ἱματίζω — I clothe (2)
χιτών, ῶνος, ὁ — tunic, clothing (11)
σάκκος, ου, ὁ — sackcloth (4)
λίνον, ου, τό — linen, wick of linen (2)
πορφυροῦς, ᾶ, οῦν — [subst.] purple garment; cf. 79G: purple {porphyry} (4)

πορφύρα, ας, ἡ — purple cloth (4)
πορφυρόπωλις, ιδος, ἡ — dealer in purple cloth (1)
χλαμύς, ύδος, ἡ — chlamys, cloak (2)
στολή, ῆς, ἡ — long robe {stole} (9)
ὑπόδημα, τος, τό — sandal (10)
ὑποδέομαι — I put on [footwear] (3)
σανδάλιον, ου, τό — sandal (2)
δέρμα, τος, τό — skin {dermis} (1)
δερμάτινος, η, ον — made of leather (2)

R. Adornment

στέφανος, ου, ὁ — crown, wreath (18)
στεφανόω — I crown (3)
στέμμα, τος, τό — wreath (1)
φυλακτήριον, ου, τό — phylactery (1)
διάδημα, τος, τό — diadem, crown (3)

S. Plant Products

οἶνος, ου, ὁ — wine (34)
οἰνοπότης, ου, ὁ — drunkard (2)
οἰνοφλυγία, ας, ἡ — drunkenness (1)
πάροινος, ου, ὁ — drunkard (2)

ἔλαιον, ου, τό   olive oil (11)

U. Perfumes and Incense
μύρον, ου, τό   perfume (14)
μυρίζω   I anoint with perfume (1)
ἄρωμα, τος, τό   aroma (4)
σμύρνα, ης, ἡ   myrrh (2)
σμυρνίζω   I mix with myrrh (1)
ἀλόη, ης, ἡ   aloe (1)
νάρδος, ου, ἡ   nard (2)

V. Instruments for Measuring
κάλαμος, ου, ὁ   measuring rod; cf. 3E: reed (12)

W. Miscellaneous
ἀξίνη, ης, ἡ   ax (2)
ῥάβδος, ου, ἡ   rod, staff (12)
ῥαβδίζω   I beat with a rod (2)
ῥάπισμα, τος, τό   a blow (3)
ῥαπίζω   I strike (2)
ῥαβδοῦχος, ου, ὁ   policeman (2)

7. Constructions

A. Constructions (General Meaning)
οἰκοδομή, ῆς, ἡ   building; cf. 74: building up, edification (18)

B. Buildings
οἶκος, ου, ὁ   house, home; cf. 10A: household (114)
οἰκία, ας, ἡ   house, home; cf. 10A: household (93)
οἴκημα, τος, τό   cell (1)
αὐλή, ῆς, ἡ   palace; cf. 7D: courtyard (12)
ἔπαυλις, εως, ἡ   home (1)
πραιτώριον, ου, τό   palace [Praetorium]; cf. 55C: palace
                                       [Praetorian] guard (8)
σκηνή, ῆς, ἡ   tent, tabernacle (20)

σκῆνος, ους, τό	tent (2)
σκηνοπηγία, ας, ἡ	Feast of Tabernacles (1)
σκήνωμα, τος, τό	tent; cf. 85E: dwelling place (3)
σκηνοποιός, οῦ, ὁ	tentmaker (1)
σχολή, ῆς, ἡ	school, lecture hall (1)
ναός, οῦ, ὁ	temple, sanctuary (45)
νεωκόρος, ου, ὁ	temple keeper (1)
ἱερόν, οῦ, τό	temple (71)
ἱεροσυλέω	I rob temples (1)
ἱερόσυλος, ου, ὁ	temple robber (1)
ἅγιος, α, ον	[subst.] sanctuary; cf. 11B: [subst.] saint; 88C: holy (233)
συναγωγή, ῆς, ἡ	synagogue (56)
ἀποσυνάγωγος, ον	expelled from the synagogue (3)
παρεμβολή, ῆς, ἡ	barracks; cf. 1N: camp (10)
φυλακή, ῆς, ἡ	jail, prison; cf. 67I: watch (47)
ἀποθήκη, ης, ἡ	barn, storehouse {apothecary} (6)

C. Parts and Areas of Buildings

πυλών, ῶνος, ὁ	gate (18)
πύλη, ης, ἡ	gate (10)
θύρα, ας, ἡ	door, gate (39)
θυρωρός, οῦ, ὁ, ἡ	doorkeeper (4)
θυρίς, ίδος, ἡ	window (2)
στοά, ᾶς, ἡ	stoa, colonnade (4)
θεμέλιος, ου, ὁ	foundation (12)
θεμέλιον, ου, τό	foundation (4)
θεμελιόω	I lay a foundation (5)

D. Open Constructions

θέατρον, ου, τό	theater (3)
στάδιον, ου, τό	stadium, race (1)
αὐλή, ῆς, ἡ	courtyard; cf. 7B: palace (12)
προαύλιον, ου, τό	forecourt (1)

F. Walls and Fences

τεῖχος, ους, τό	wall (9)
τοῖχος, ου, ὁ	wall (1)
μεσότοιχον, ου, τό	dividing wall (1)

G. Miscellaneous Constructions

βῆμα, τος, τό	judgment seat, court (12)
μνημεῖον, ου, τό	grave, tomb (40)
μνῆμα, τος, τό	tomb (8)

8. Body, Body Parts, and Body Products

A. Body

σῶμα, τος, τό	body (142)
σύσσωμος, ον	member of the same body (1)
σωματικός, ή, όν	bodily, physical (2)
σωματικῶς	bodily (1)
σάρξ, σαρκός, ἡ	body; cf. 8B: flesh; 26A: human nature (147)

B. Parts of the Body

μέλος, ους, τό	body part; cf. 63D: member (34)
κεφαλή, ῆς, ἡ	head (75)
κεφαλιόω	I strike on the head (1)
ἀποκεφαλίζω	I behead (4)
περικεφαλαία, ας, ἡ	helmet (2)
προσκεφάλαιον, ου, τό	pillow (1)
κρανίον, ου, τό	cranium, skull (4)
θρίξ, τριχός, ἡ	hair (15)
τρίχινος, η, ον	hairy (1)
κέρας, ατος, τό	horn (11)
πρόσωπον, ου, τό	face; cf. 24A: appearance (78)
μέτωπον, ου, τό	forehead (8)
στόμα, τος, τό	mouth; cf. 33F: speech (82)
ἐπιστομίζω	I silence (1)
ὀδούς, ὀδόντος, ὁ	tooth (12)
γλῶσσα, ης, ἡ	tongue; cf. 33A: language (50)

ἐτερόγλωσσος, ον	speaking a strange tongue (1)
ὀφθαλμός, οῦ, ὁ	eye; cf. 24A: sight (100)
μονόφθαλμος, ον	one-eyed (2)
οὖς, ὠτός, τό	ear (36)
ὠτίον, ου, τό	ear (3)
ἐνωτίζομαι	I listen carefully to (1)
ὠτάριον, ου, τό	ear (2)
λάρυγξ, γγος, ὁ	throat {larynx} (1)
χείρ, χειρός, ἡ	hand (177)
αὐτόχειρ, ος, ὁ	with one's own hand (1)
δεξιός, ά, όν	[subst.] right hand; cf. 82B: right (54)
δεξιολάβος, ου, ὁ	spearman (1)
δάκτυλος, ου, ὁ	finger (8)
δακτύλιος, ου, ὁ	ring (1)
χρυσοδακτύλιος, ον	wearing a gold ring (1)
στῆθος, ους, τό	chest {stethoscope} (5)
μαστός, οῦ, ὁ	breast {mastectomy} (3)
πλευρά, ᾶς, ἡ	side {pleurisy} (5)
γόνυ, γόνατος, τό	knee (12)
γονυπετέω	I kneel down (4)
πούς, ποδός, ὁ	foot (93)
ποδήρης, ους, ὁ	robe reaching one's feet (1)
ὑποπόδιον, ου, τό	footstool (7)
τετράπουν, ποδος, τό	four-footed animal (3)
στίγμα, τος, τό	scar, mark {stigmata} (1)
σπλάγχνα, ων, τά	[pl.] intestines; cf. 25C: compassion; 26A: heart (11)
ὀστέον, ου, τό	bone {osteoporosis} (3)
ὀστοῦν, οῦ, τό	bone {osteoporosis} (1)
σάρξ, σαρκός, ἡ	flesh; cf. 8A: body; 26A: human nature (147)
αἷμα, τος, τό	blood (97)
αἱμορροέω	I bleed (1)
αἱματεκχυσία, ας, ἡ	shedding of blood (1)
θρόμβος, ου, ὁ	drop of blood {thrombosis} (1)
στόμαχος, ου, ὁ	stomach (1)

κοιλία, ας, ἡ   belly, womb (22)

C. Physiological Products of the Body

δάκρυον, ου, τό   tear (10)
δακρύω   I weep (1)

9. People

A. Human Beings

ἄνθρωπος, ου, ὁ	person; cf. 9B: man; 10D: husband (550)
ἀνθρώπινος, η, ον	human (7)
ἀνήρ, ἀνδρός, ὁ	person; cf. 9B: man; 10D: husband (216)
ἀνδραποδιστής, οῦ, ὁ	slave trader (1)
ψυχή, ῆς, ἡ	person; cf. 23G: life; 26: soul (103)

B. Males

ἄνθρωπος, ου, ὁ	man; cf. 9A: person; 10D: husband (550)
ἀνήρ, ἀνδρός, ὁ	man; cf. 9A: person; 10D: husband (216)
ἀνδρίζομαι	I am a courageous man (1)
εὐνοῦχος, ου, ὁ	eunuch (8)
εὐνουχίζω	I make a eunuch (2)
πρεσβύτερος, ου, ὁ	old man; cf. 53I: elder (66)
πρεσβύτης, ου, ὁ	old man (3)
νεανίσκος, ου, ὁ	young man (11)
νεανίας, ου, ὁ	young man (3)
νεότης, ητος, ἡ	youth (4)
νεωτερικός, ή, όν	youthful (1)

C. Females

γυνή, αικός, ἡ	woman; cf. 10D: wife (215)
γυναικάριον, ου, τό	foolish woman (1)
γυναικεῖος, α, ον	female (1)
πρεσβῦτις, ιδος, ἡ	old woman (1)
παρθένος, ου, ἡ, ὁ	virgin (15)
παρθενία, ας, ἡ	virginity (1)

D. Children

παῖς, παιδός, ὁ, ἡ	child; cf. 87E: slave, servant (124)
παιδίον, ου, τό	child (52)
παιδάριον, ου, τό	child (1)
παιδιόθεν	from childhood (1)
νήπιος, α, ον	child, small child, infant (15)
νηπιάζω	I am a child (1)

E. Persons For Whom There Is Affectionate Concern

τέκνον, ου, τό	child (99)
τεκνίον, ου, τό	little child (8)
ἄτεκνος, ον	childless (2)
ταλιθα	[Aram.] little girl (1)

10. Kinship Terms

A. Groups and Members of Groups of Persons Regarded as Related by Blood but without Special Reference to Successive Generations

φυλή, ῆς, ἡ	tribe (31)
δωδεκάφυλον, ου, τό	the twelve tribes (1)
συμφυλέτης, ου, ὁ	compatriot (1)
ἀλλόφυλος, ον	foreign (1)
γένος, ους, τό	race, people; cf. 10B: offspring; 58D: kind (20)
συγγένεια, ας, ἡ	relatives (3)
συγγενής, οῦς, ὁ	relative (11)
συγγενίς, ίδος, ἡ	relative (1)
ἀλλογενής, οῦς, ὁ	foreigner (1)
οἶκος, ου, ὁ	household; cf. 7B: house, home (114)
οἰκία, ας, ἡ	household; cf. 7B: house, home (93)
πανοικεί	with one's whole household (1)
οἰκεῖος, ου, ὁ	member of one's household (3)
οἰκιακός, οῦ, ὁ	member of one's household (2)

B. Kinship Relations Involving Successive Generations

πατήρ, πατρός, ὁ	father, forefather; cf. 12A: Father (413)
ἀπάτωρ, ορος	without a father (1)
πατρολῴας, ου, ὁ	one who murders his father (1)
προπάτωρ, ορος, ὁ	forefather (1)
πατρῷος, α, ον	of one's fathers; of one's ancestors (3)
πατρικός, ή, όν	of one's fathers; of one's ancestors (1)
πατριάρχης, ου, ὁ	patriarch (4)
μήτηρ, τρός, ἡ	mother (83)
ἀμήτωρ, ορος	without a mother (1)
μήτρα, ας, ἡ	womb (2)
μητρολῴας, ου, ὁ	one who murders his mother (1)
μάμμη, ης, ἡ	grandmother (1)
γονεύς, έως, ὁ	[always pl.] parent (20)
πρόγονος, ου, ὁ, ἡ	parent, ancestor (2)
ἔκγονον, ου, τό	grandchild (1)
γενεαλογέομαι	I am descended from (1)
γενεαλογία, ας, ἡ	genealogy (2)
ἀγενεαλόγητος, ον	without genealogy (1)
γένος, ους, τό	offspring; cf. 10A: race, people; 58D: kind (20)
πρωτότοκος, ον	firstborn (8)
πρωτοτόκια, ων, τό	birthright (1)
πρωτεύω	I have first place (1)
σπέρμα, τος, τό	descendant; cf: 3D: seed (43)
ὀρφανός, οῦ, ὁ	orphan (2)
υἱός, οῦ, ὁ	son (377)
θυγάτηρ, τρός, ἡ	daughter (28)
θυγάτριον, ου, τό	little daughter (2)

C. Kinship Relations of the Same Generation

ἀδελφός, οῦ, ὁ	brother; cf. 11B: fellow believer (343)
ἀδελφή, ῆς, ἡ	sister; cf. 11B: fellow believer (26)

D. Kinship Relations Based upon Marriage

ἄνθρωπος, ου, ὁ	husband; cf. 9A: person; 9B: man (550)

ἀνήρ, ἀνδρός, ὁ	husband; cf. 9A: person; 9B: man (216)
ὕπανδρος, ον	married (1)
γυνή, αικός, ἡ	wife; cf. 9C: woman (215)
νυμφίος, ου, ὁ	bridegroom (16)
νύμφη, ης, ἡ	bride, daughter-in-law (8)
χήρα, ας, ἡ	widow (26)

11. Groups and Classes of Persons and Members of Such Groups and Classes

A. General

ὄχλος, ου, ὁ	crowd, multitude (175)
ὀχλοποιέω	I form a mob (1)
πλῆθος, ους, τό	crowd, multitude; cf. 59A: large number (31)
γενεά, ᾶς, ἡ	generation (43)

B. Socio-Religious

νεόφυτος, ου, ὁ	recent convert {neophyte} (1)
ἀδελφός, οῦ, ὁ	fellow believer; cf. 10C: brother (343)
ἀδελφότης, ητος, ἡ	brotherhood (2)
ψευδάδελφος, ου, ὁ	false believer (2)
ἀδελφή, ῆς, ἡ	fellow believer; cf. 10C: sister (26)
ἅγιος, α, ον	[subst.] saint; cf. 7B: [subst.] sanctuary; 88C: holy (233)
ἐκκλησία, ας, ἡ	church; cf. 11C: assembly (114)
Χριστιανός, οῦ, ὁ	Christian (3)
ἔθνος, ους, τό	[pl.] Gentiles, pagans; cf. 11C: nation, people (162)
ἐθνικός, ή, όν	Gentile, pagan (4)
ἐθνικῶς	like a Gentile (1)
Ἕλλην, ηνος, ὁ	Gentile; cf. 11D: Greek (25)
Σαδδουκαῖος, ου, ὁ	Sadducee (14)
Φαρισαῖος, ου, ὁ	Pharisee (98)
ἀκροβυστία, ας, ἡ	uncircumcised, uncircumcision (20)
προσήλυτος, ου, ὁ	proselyte, convert to Judaism (4)

C. Socio-Political

ἔθνος, ους, τό	nation, people; cf. 11B: [pl.] Gentiles, pagans (162)
λαός, οῦ, ὁ	people (142)
πολιτεία, ας, ἡ	citizenship (2)
πολίτης, ου, ὁ	citizen (4)
συμπολίτης, ου, ὁ	fellow citizen (1)
πολίτευμα, τος, τό	place of citizenship (1)
πολιτάρχης, ου, ὁ	politarch, city official (2)
ξένος, η, ον	[subst.] stranger, foreigner; cf. 28C: strange (14)
ἀλλότριος, α, ον	[subst.] stranger; cf. 92D: another's, someone else's (14)
ἀπαλλοτριόομαι	I am a stranger (3)
ἐκκλησία, ας, ἡ	assembly; cf. 11B: church (114)
συνέδριον, ου, τό	Sanhedrin, council (22)
Ἡρῳδιανοί, ῶν, ὁ	Herodians (3)
Ἄρειος Πάγος, ὁ	Areopagus [Mars Hill] (2)
Ἀρεοπαγίτης, ου, ὁ	member of the Areopagus (1)
ζηλωτής, οῦ, ὁ	Zealot (8)
Καναναῖος, ου, ὁ	Cananaean [Zealot] (2)
πλησίον	neighbor; cf. 83E: near (17)

D. Ethnic-Cultural

Ἕλλην, ηνος, ὁ	Greek; cf. 11B: Gentile (25)
Ἑλληνίς, ίδος, ἡ	Greek woman (2)
Ἑλληνικός, ή, όν	Greek (1)
Ἑλληνιστής, οῦ, ὁ	Hellenist, Greek-speaking Jew (3)
βάρβαρος, ον	foreigner; cf. 41C: barbarian (6)

E. Philosophical

Ἐπικούρειος, η, ον	Epicurean (1)
Στοϊκός, ή, όν	Stoic (1)

12. Supernatural Beings and Powers

A. Supernatural Beings

θεός, οῦ, ὁ	God, god (1317)
ἄθεος, ον	without God (1)
θεότης, ητος, ἡ	deity (1)
θειότης, ητος, ἡ	divine nature (1)
θεῖος, α, ον	divine (3)
θεά, ᾶς, ἡ	goddess (1)
ηλι	[Heb.] my god (2)
ελωι	[Aram.] my god (2)
ὕψιστος, ου, ὁ	Most High; cf. 1B: highest [heaven] (13)
παντοκράτωρ, ορος, ὁ	Almighty (10)
Σαβαώθ	[Heb.] Almighty (2)
κύριος, ου, ὁ	Lord; cf. 37D: master; 57A: owner; 87C: sir (717)
κυριακός, ή, όν	Lord's (2)
μαρανα θα	[Aram.] our Lord come (1)
πατήρ, πατρός, ὁ	Father; cf. 10B: father, forefather (413)
Αββα	[Aram.] Father (3)
πνεῦμα, τος, τό	Spirit; cf. 14A: wind; 23J: breath; 26: spirit (379) from the Spirit; cf. 26: spiritual (26)
πνευματικός, ή, όν	Paraclete, Counselor, Helper (5)
παράκλητος, ου, ὁ	angel; cf. 33O: messenger (175)
ἄγγελος, ου, ὁ	like an angel (1)
ἰσάγγελος, ον	archangel (2)
ἀρχάγγελος, ου, ὁ	demon, evil spirit (63)
δαιμόνιον, ου, τό	demon (1)
δαίμων, ονος, ὁ	demonic (1)
δαιμονιώδης, ες	I am demon possessed (13)
δαιμονίζομαι	the devil; cf. 33P': slanderer (37)
διάβολος, ου, ὁ	[subst.] unclean/evil spirit; cf. 53D: unclean (32)
ἀκάθαρτος, ον	

B. Supernatural Powers

πύθων, ωνος, ὁ	Python, spirit of divination (1)

13. Be, Become, Exist, Happen

A. State

εἰμί	I am; cf. 13C: I exist (2462)
γίνομαι	I am; cf. 13B: I become; 13D: I happen (669)
ὑπάρχω	I am (49); cf. 57A: possessions [τὰ ὑπάρχοντα] (11)

B. Change of State

γίνομαι	I become; cf. 13A: I am; 13D: I happen (669)
μεταμορφόομαι	I am transformed; cf. 58B: I am transfigured {metamorphosis} (4)

C. Exist

εἰμί	I exist; cf. 13A: I am (2462)
παράγω	I pass away; cf. 15C: I pass by (10)
παρέρχομαι	I pass away; cf. 15C: I pass by; 15F: I arrive (29)
ἀπέρχομαι	I pass away; cf. 15D: I go away (117)
καταργέω	I put an end to, I nullify; cf. 76: I abolish (27)

D. Happen

πρᾶγμα, τος, τό	matter, thing (11)
πληρόω	I fulfill; cf. 59C: I complete; 59D: I fill (86)
πλήρωμα, τος, τό	fulfillment; cf. 59C: fullness (17)
ἐκπληρόω	I fulfill (1)
ἀναπληρόω	I fulfill (6)
πίμπλημι	I fulfill; cf. 59D: I fill (24)
γίνομαι	I happen; cf. 13A: I am; 13B: I become (669)
ἐπιγίνομαι	I happen (1)
προγίνομαι	I happen before (1)
καταλαμβάνω	I overtake; cf. 37F: I seize; 57G: I obtain (15)
τελέω	I fulfill; cf. 57N: I pay taxes; 67C: I end; 68C: I finish (28)
τελειόω	I fulfill; cf. 68C: I complete; 88D: I make perfect (23)

τελείωσις, εως, ἡ	fulfillment; cf. 88D: perfection (2)
ἐάω	I allow, I let (11)
προσεάω	I allow to go farther (1)
ἐπιτρέπω	I allow, I permit (18)
ἀφίημι	I allow; cf. 15D: I leave; 40B: I forgive (143)
δίδωμι	I grant; cf. 57H: I give (415)
κωλύω	I prevent, I hinder (23)
διακωλύω	I prevent (1)
ἀκωλύτως	without hindrance (1)
ἀπέχω	[mid.] I abstain from; cf. 57I: I receive in full; 85A: I am distant (19)

14. Physical Events and States

B. Wind

ἄνεμος, ου, ὁ	wind (31)
ἀνεμίζομαι	I am tossed by the wind (1)
πνεῦμα, τος, τό	wind; cf. 12A: Spirit; 23J: breath; 26: spirit (379)
πνοή, ῆς, ἡ	wind; cf. 23J: breath (2)
πνέω	I blow (7)
ὑποπνέω	I blow gently (1)
τυφωνικός, ή, όν	of a violent wind {typhoon} (1)
Εὐρακύλων, ωνος, ὁ	Euraquilo, Northeaster (1)

D. Thunder and Lightning

βροντή, ῆς, ἡ	thunder (12)
ἀστραπή, ῆς, ἡ	lightning (9)
ἀστράπτω	I flash (2)
ἐξαστράπτω	I flash as lightning (1)
περιαστράπτω	I flash around (2)

E. Events Involving Liquids and Dry Masses

κατακλυσμός, οῦ, ὁ	flood {cataclysm} (4)
κατακλύζω	I flood (1)
κλύδων, ωνος, ὁ	wave (2)

Physical Events and States

κλυδωνίζομαι | I am tossed by waves (1)

F. Light
φῶς, φωτός, τό | light (73)
φωτίζω | I give light to; cf. 28C: I bring to light (11)
φωτεινός, ή, όν | full of light (5)
φωστήρ, ῆρος, ὁ | radiance (2)
φαίνω | I shine; cf. 24A: [mid.-pass.] I appear (31)
ἐπιφαίνω | I shine on; cf. 24A: I appear (4)
ἐπιφαύσκω | I shine on (1)
λάμπω | I shine (7)
ἐκλάμπω | I shine forth (1)
περιλάμπω | I shine around (2)
λαμπρότης, ητος, ἡ | brightness (1)
λαμπρός, ά, όν | bright (9)

G. Darkness
σκότος, ους, τό | darkness (31)
σκοτία, ας, ἡ | darkness (16)
σκοτεινός, ή, όν | dark (3)
σκοτόομαι | I am darkened (3)
σκοτίζομαι | I am darkened (5)
σκιά, ᾶς, ἡ | shadow (7)
ἀποσκίασμα, τος, τό | shadow (1)
ἐπισκιάζω | I overshadow (5)
κατασκιάζω | I overshadow (1)

H. Burning
καίω | I burn, I light (12)
κατακαίω | I burn up (12)
καυσόομαι | I burn (2)
καῦσις, εως, ἡ | burning (1)
καύσων, ωνος, ὁ | scorching heat (3)
καῦμα, τος, τό | scorching heat (2)
καυματίζω | I scorch (4)
ἅπτω | I kindle; cf. 24E: [mid.] I touch (39)

περιάπτω	I kindle (1)
ἀνάπτω	I kindle (2)
ἄσβεστος, ον	unquenchable {asbestos} (3)
σβέννυμι	I quench (6)

I. Sound

φωνή, ῆς, ἡ	sound; cf. 33F: voice (139)
ἄφωνος, ον	without sound; cf. 33F: mute (4)
συμφωνία, ας, ἡ	music (1)
ἦχος, ου, ὁ; ους, τό	sound {echo} (4)
ἠχέω	I resound (1)
μουσικός, οῦ, ὁ	musician (1)

J. Movement of the Earth

| σεισμός, οῦ, ὁ | earthquake (14) |
| σείω | I shake (5) |

15. Linear Movement

A. Move, Come/Go

μεταβαίνω	I move; cf. 15D: I leave (12)
προβαίνω	I go on, I advance (5)
κινέω	I move (8)
μετακινέω	I move (1)
ἀμετακίνητος, ον	immovable (1)
ἔρχομαι	I come, I go (632)
ἔλευσις, εως, ἡ	coming (1)
προέρχομαι	I go ahead (9)
πορεύομαι	I go; cf. 15B: I travel (153)

B. Travel, Journey

πορεύομαι	I travel; cf. 15A: I go (153)
πορεία, ας, ἡ	journey (2)
ὁδός, οῦ, ἡ	journey; cf. 1P: road; 41A: way (101)
πάροδος, ου, ἡ	passing visit (1)
ὁδεύω	I travel (1)

συνοδεύω	I travel with (1)
συνοδία, ας, ἡ	group of travelers (1)
ὁδοιπορέω	I travel (1)
ὁδοιπορία, ας, ἡ	journey (2)
διοδεύω	I travel through (2)

C. Pass, Cross Over, Go Through, Go Around

παρέρχομαι	I pass by; cf. 13C: I pass away; 15F: I come (29)
ἀντιπαρέρχομαι	I pass by on the opposite side (2)
διέρχομαι	I pass/go through, I cross over (43)
περιέρχομαι	I go around (3)
διαπορεύομαι	I go through (5)
παραπορεύομαι	I pass by (5)
παράγω	I pass by; cf. 13C: I pass away (10)
διαβαίνω	I pass through, I cross over (3)

D. Leave, Depart, Flee, Escape, Send

ἄγω	I go; cf. 15W: I lead, I bring (69)
ὑπάγω	I go, I go away (79)
ἀπέρχομαι	I go away; cf. 13C: I pass away (117)
ἐξέρχομαι	I come out, I go out (218)
μεταβαίνω	I leave; cf. 15A: I move (12)
ἐκβαίνω	I leave (1)
ἐκπορεύομαι	I come/go out, I leave (33)
ἐξέρχομαι	I come/go out (218)
ἔξοδος, ου, ἡ	exodus, departure (3)
ἀπολύω	I dismiss; cf. 34J: I divorce; 37J: I release (66)
ἀφίημι	I leave; cf. 13D: I allow; 40B: I forgive (143)
χωρίζω	[pass.] I leave; cf. 63G: I separate (13)
διαχωρίζομαι	I leave (1)
ἀποχωρέω	I leave, I go away (3)
ἀναχωρέω	I leave, I withdraw (14)
ὑποχωρέω	I withdraw (2)
ἀφίσταμαι	I leave; cf. 34B: I fall, I turn away (14)

καταλείπω	I leave; cf. 85D: I leave behind (24)
φεύγω	I flee; cf. 21D: I escape (29)
φυγή, ῆς, ἡ	flight (1)
καταφεύγω	I flee (2)
ἐκφεύγω	I flee; cf. 21D: I escape (8)
καταφεύγω	I flee (2)
πέμπω	I send (79)
ἐκπέμπω	I send out (2)
συμπέμπω	I send with (2)
ἀναπέμπω	I send back (5)
προπέμπω	I send on my way (9)
μεταπέμπομαι	I send for (9)
ἀποστέλλω	I send (132)
ἐξαποστέλλω	I send out (13)
συναποστέλλω	I send with (1)
ἐκβάλλω	I send out, I take out; cf. 53K: I cast out (81)

E. Come Near, Approach

ἐγγίζω	I come near, I approach (42)
προσπορεύομαι	I come to (1)
προσέρχομαι	I come/go to (86)
ὑπαντάω	I meet (10)
ὑπάντησις, εως, ἡ	meeting (3)
ἀπαντάω	I meet (2)
ἀπάντησις, εως, ἡ	meeting (3)
συναντάω	I meet (6)

F. Come, Come To, Arrive

ἐπέρχομαι	I come, I come on (9)
παρέρχομαι	I come; cf. 13C: I pass away; 15C: I pass by (29)
ἐπιπορεύομαι	I come to (1)
κατανηάω	I come, I reach (13)
παραγίνομαι	I come, I arrive (37)
συμπαραγίνομαι	I come together (1)
πάρειμι	I arrive; cf. 85A: I am present (24)

παρουσία, ας, ἡ   coming; cf. 85A: presence (24)
εἴσοδος, ου, ἡ   coming, entrance (5)

G. Return

ὑποστρέφω   I return (35)
ἀναστρέφω   I return; cf. 41A: [pass.] I behave (9)
ἐπιστρέφω   I return to; cf. 31H: I turn to (36)
ἐπανέρχομαι   I return (2)

H. Come/Go Into

εἰσέρχομαι   I come/go into, I enter (194)
εἰσπορεύομαι   I come/go into, I enter (18)
ἐμβαίνω   I embark (16)

J. Come/Go Up, Ascend

ἀναβαίνω   I come/go up, I ascend (82)
ἀναλαμβάνω   I take up; cf. 15W: I take along (13)
προσαναβαίνω   I move up to (1)
ἀνέρχομαι   I go up (3)
ἐπαίρω   I raise, I lift up (19)
ἀνατολή, ῆς, ἡ   rising; cf. 82A: east (11)
ἀνατέλλω   I rise (9)
ἀνάλημψις, εως, ἡ   ascension (1)

K. Come/Go Down, Descend

καταβαίνω   I come/go down, I descend (81)
κατάβασις, εως, ἡ   descent (1)
κατέρχομαι   I come/go down (16)

L. Fall

πίπτω   I fall; cf.17E: I fall down, I bow down (90)
καταπίπτω   I fall (3)
ἀποπίπτω   I fall from (1)
ἐκπίπτω   I fall from (10)
ἐμπίπτω   I fall into (7)
ἐπιπίπτω   I fall upon (11)

παραπίπτω   I fall away (1)

M. Gather, Cause to Come Together

συνέρχομαι   I come together; cf. 15S: I come with (30)
συνάγω   I gather (59)
ἐπισυνάγω   I gather together (8)
ἐπισυναγωγή, ῆς, ἡ   gathering (2)

N. Disperse, Scatter

σκορπίζω   I scatter (5)
διασκορπίζω   I scatter (9)
διασπορά, ᾶς, ἡ   diaspora, dispersion (3)
διασπείρω   I scatter (3)

O. Come/Go Prior To

προάγω   I go ahead; cf. 15P: I go before (20)

P. Come/Go In Front Of

προάγω   I go before; cf. 15O: I go ahead (20)
προπορεύομαι   I go before (2)

R. Go Around, Surround

κυκλόω   I surround, I encircle (4)
περικυκλόω   I surround (1)
κυκλεύω   I surround (1)
κύκλῳ   around (8)
κυκλόθεν   around (3)

S. Come/Go With, Travel With

συνέρχομαι   I come with; cf. 15M: I come together (30)
συνεισέρχομαι   I go in with (2)
συμπορεύομαι   I go with (4)
συναναβαίνω   I come up with (2)
συγκαταβαίνω   I come down with (1)

T. Follow, Accompany

ἀκολουθέω	I follow (90)
συνακολουθέω	I follow (3)
ἐξακολουθέω	I follow (3)
ἐπακολουθέω	I follow (4)
κατακολουθέω	I follow (2)
παρακολουθέω	I follow closely (4)

U. Pursue, Follow

διώκω	I pursue; cf. 39H: I persecute (45)

W. Lead, Bring, Take

ἄγω	I lead, I bring; cf. 15D: I go (69)
προσάγω	I bring (4)
περιάγω	I lead, I take along (6)
προάγω	I lead, I go ahead (20)
προσάγω	I bring to (4)
εἰσάγω	I bring into (11)
ἐξάγω	I bring out (12)
κατάγω	I bring down (9)
ἀνάγω	I lead up, I bring up; cf. 54: [mid.-pass.] I set sail (23)
ἀπάγω	I lead away (15)
μετάγω	I guide (2)
χειραγωγέω	I lead by the hand (2)
χειραγωγός, οῦ, ὁ	one who leads by the hand (1)
ὁδηγέω	I lead, I guide (5)
ὁδηγός, οῦ, ὁ	leader, guide (5)
φέρω	I bring; cf. 15X: I carry; 23L: I bear (66)
προσφέρω	I bring to; cf. 53B: I offer; 57H: I present to (47)
ἐπιφέρω	I bring on (2)
ἐκφέρω	I lead out; cf. 15X: I carry out (8)
ἀναφέρω	I lead up; cf. 53B: I offer (10)
παραφέρω	I take away (4)
ἀπαίρω	I take away (3)

προσλαμβάνομαι	I take aside; cf. 34G: I welcome, I receive (12)
παραλαμβάνω	I take along; cf. 34G: I welcome, I receive (49)
ἀναλαμβάνω	I take along; cf. 15J: I take up (13)
συμπαραλαμβάνω	I take along with (4)

X. Carry, Bear

φέρω	I carry; cf. 15W: I bring; 23L: I bear (66)
περιφέρω	I carry about (3)
εἰσφέρω	I carry in (8)
διαφέρω	I carry through; cf. 58F: I differ; 65A: I am valuable (13)
ἐκφέρω	I carry out; cf. 15W: I lead out (8)
ἀποφέρω	I carry away (5)
φορτίζω	I load with burdens (2)
φορτίον, ου, τό	load, burden (6)
ἀποφορτίζομαι	I unload (1)
βαστάζω	I carry, I bear (27)
δυσβάστακτος, ον	hard to bear (2)
κομίζω	I bring; cf. 57I: [mid.] I receive (10)
ἐκκομίζω	I carry out (1)
καθαιρέω	I take down, I bring down; cf. 20C: I destroy (9)
περιαιρέω	I remove (5)
αἴρω	I remove, I take, I take away (101)
ἄγω	I bring; cf. 36A: I lead (69)

Z. Throw, Hurl

βάλλω	I throw; cf. 85B: I put (122)
ἐμβάλλω	I throw into (1)
βολή, ῆς, ἡ	throw (1)
ἐκβολή, ῆς, ἡ	throwing out (1)
ἐπιβάλλω	I throw on; cf. 85B: I lay on, I place on (18)
ῥίπτω	I throw (8)
ἐπιρίπτω	I throw on (2)
ῥιπίζομαι	I am tossed about (1)

C΄. Walk, Step

περιπατέω	I walk; cf. 41A: I live (95)
πατέω	I tread on (5)

D΄. Run

τρέχω	I run (20)
περιτρέχω	I run about (1)
εἰστρέχω	I run in (1)
κατατρέχω	I run down (1)
προστρέχω	I run up to (3)
προτρέχω	I run ahead of (2)
συντρέχω	I run together (3)
ἐπισυντρέχω	I run together (1)
συνδρομή, ῆς, ἡ	running together (1)
πρόδρομος, ου, ὁ	forerunner (1)
δρόμος, οῦ, ὁ	race course (3)

F΄. Dance

ὀρχέομαι	I dance {orchestrate} (4)
χορός, οῦ, ὁ	dancing {chorus} (1)

16. Non-Linear Movement

τρέμω	I tremble (3)
τρόμος, ου, ὁ	trembling (5)
ἔντρομος, ον	trembling (3)
σαλεύω	I shake (15)
ἀσάλευτος, ον	unshakable (2)
στρέφω	I turn (21)
μεταστρέφω	I turn (2)
καταστρέφω	I overturn (2)
ἐκτείνω	I stretch out, I reach out (16)
ἐπεκτείνομαι	I stretch toward (1)
ὑπερεκτείνω	I overextend (1)
προτείνω	I stretch out (1)

17. Stances and Events Related to Stances

A. Stand

ἵστημι	[intrans.] I stand; cf. 85B: I make stand (155)
στήκω	I stand (11)
συνίστημι	[intrans.] I stand with; cf. 33H´: I recommend (16)
παρίστημι	[intrans.] I stand near; cf. 85A: I present myself (41)
περιΐστημι	I stand around (4)
ἐφίστημι	I stand by; cf. 85A: I am present (21)
ἀνίστημι	[intrans.] I stand up, I arise; cf. 23G: I raise up (108)
ἐξανίστημι	[intrans.] I stand up (3)
ἐγείρω	I stand up; cf. 23E: I wake; 23F: I raise up (144)
κουμ	[Aram.] stand up (1)

B. Sit

κάθημαι	I sit, I sit down; cf. 85C: I live (91)
συγκάθημαι	I sit down with (2)
καθέζομαι	I sit, I sit down (7)
παρακαθέζομαι	I sit down by (1)
καθέδρα, ας, ἡ	seat (3)
πρωτοκαθεδρία, ας, ἡ	best seat (4)
καθίζω	I sit, I seat; cf. 85C: I stay (46)
συγκαθίζω	I sit down with (2)
ἐπικαθίζω	I sit upon (1)
ἀνακαθίζω	I sit up (2)

E. Prostrate as an Act of Reverence or Supplication

προσκυνέω	I worship (60)
πίπτω	I fall down, I bow down; cf. 15L: I fall (90)
προσπίπτω	I fall down before (8)

F. Recline (to eat)

ἀνάκειμαι	I recline at the table; cf. 23A: I eat (14)
συνανάκειμαι	I recline at the table with (7)
κατάκειμαι	I recline at the table; cf. 17G: I lie down; 23A: I eat (12)
ἀναπίπτω	I recline at the table, I sit down (12)
ἀνακλίνω	I make to sit down; [pass.] I recline at the table (6)
κατακλίνω	I make to sit down; [pass.] I recline at the table (5)

G. Lie

κεῖμαι	I lie, I am laid; cf. 85A: I am (24)
κατάκειμαι	I lie down; cf. 17F: I recline at the table; 23A: I eat (12)
ἐπίκειμαι	I lie on (7)

H. Bend Over, Straighten Up

κύπτω	I bend down (2)
κατακύπτω	I bend down (1)
παρακύπτω	I bend over (5)
συγκύπτω	I am bent over (1)
ἀνακύπτω	I straighten up (4)

18. Attachment

A. Grasp, Hold

ἐπιλαμβάνομαι	I take hold of; cf. 37F: I seize (19)
ἁρπάζω	I seize, I snatch; cf. 57U: I rob (14)
συναρπάζω	I seize (4)
κρατέω	I hold on to, I grasp; cf. 37F: I arrest (47)

B. Fasten, Stick To

δέω	I tie, I bind (43)
περιδέω	I bind around (1)
δεσμεύω	I bind (3)

δέσμη, ης, ἡ	bundle (1)
σύνδεσμος, ου, ὁ	binding (4)
καταδέω	I bandage (1)
λύω	I loose; cf. 20C: I destroy; 37J: I set free (42)
κολλάομαι	I cling to; cf. 34B: I join (12)

19. Physical Impact

A. Hit, Strike

τύπτω	I hit, I strike (13)
πληγή, ῆς, ἡ	blow; cf. 20B: wound (22)
πλήκτης, ου, ὁ	violent man (2)
πλήσσω	I strike (1)
δέρω	I beat, I strike (15)
πατάσσω	I strike; cf. 20D: I strike down (10)
μαστίζω	I whip (1)
μαστιγόω	I whip (7)
μάστιξ, ιγος, ἡ	whip, whipping (6)

B. Pierce, Cut

κόπτω	I cut (8)
ἐκκόπτω	I cut down, I cut off (10)
ἀποκόπτω	I cut off (6)
κατακόπτω	I cut (1)

C. Split, Tear

σχίζω	I split, I tear; cf. 63F: I divide (11)
σχίσμα, τος, τό	tear; cf. 63F: division (8)
ῥήγνυμι	I tear (7)
διαρρήγνυμι	I tear (5)
περιρρήγνυμι	I tear off (1)

D. Break, Break Through

κλάω	I break [bread] (14)
κλάσις, εως, ἡ	breaking (2)

ἐκκλάω	I break off (3)
κατακλάω	I break into pieces (2)
κλάσμα, τος, τό	piece (9)

E. Press

θλίβω	I press against; cf. 22C: I trouble, I afflict (10)
ἀποθλίβω	I press against (1)
συνθλίβω	I press in (2)

20. Violence, Harm, Destroy, Kill

B. Harm, Wound

κακόω	I harm, I mistreat (6)
κάκωσις, εως, ἡ	mistreatment (1)
κακός, ή, όν	[subst.] harm; cf. 65C: bad; 88O: evil (50)
ἀδικέω	I harm; cf. 88B: I wrong, I do wrong (28)
τραυματίζω	I wound (2)
τραῦμα, τος, τό	wound (1)
πληγή, ῆς, ἡ	wound; cf. 19A: blow (22)

C. Destroy

ἀπόλλυμι	I destroy; cf. 21F: [mid.] I perish; 57G: I lose (90)
ἀπώλεια, ας, ἡ	destruction (18)
συναπόλλυμαι	I am destroyed with (1)
ὄλεθρος, ου, ὁ	destruction (4)
ὀλοθρεύω	I destroy (1)
ἐξολεθρεύω	I destroy (1)
ὀλοθρευτής, οῦ, ὁ	destroyer (1)
φθορά, ᾶς, ἡ	destruction; cf. 23M: decay; 88I': corruption (9)
φθείρω	I destroy; cf. 88I': I corrupt (9)
διαφθείρω	I destroy; cf. 88I': I corrupt (6)
καταστροφή, ῆς, ἡ	destruction (2)
λύω	I destroy; cf. 18B: I loose; 37J: I set free (42)

καταλύω	I destroy, I tear down (17)
καθαιρέω	I destroy; cf. 15X: I take down, I bring down (9)
καθαίρεσις, εως, ἡ	destruction (3)

D. Kill

ἀποκτείνω, ἀποκτέννω	I kill (74)
ἀνθρωποκτόνος, ου, ὁ	murderer (3)
θανατόω	I kill (11)
ἀναιρέω	I kill (24)
ἀναίρεσις, εως, ἡ	killing (1)
θύω	I kill; cf. 53B: I sacrifice (14)
σφάζω	I slaughter, I murder (10)
κατασφάζω	I slaughter (1)
σφαγή, ῆς, ἡ	slaughter (3)
σφάγιον, ου, τό	sacrifice (1)
πατάσσω	I strike down; cf. 19A: I strike (10)
σταυρόω	I crucify (46)
ἀνασταυρόω	I crucify again (1)
συσταυρόω	I crucify with (5)
λιθάζω	I stone [to death] (9)
καταλιθάζω	I stone to death (1)
λιθοβολέω	I stone [to death] (7)
φονεύω	I murder (12)
φόνος, ου, ὁ	murder (9)
φονεύς, έως, ὁ	murderer (7)
ἀνδροφόνος, ου, ὁ	murderer (1)
σικάριος, ου, ὁ	assassin {Sicarii} (1)

21. Danger, Risk, Safe, Save

A. Danger

| κίνδυνος, ου, ὁ | danger (9) |
| κινδυνεύω | I am in danger (4) |

C. Safe, Free from Danger

ἀσφάλεια, ας, ἡ	safety; cf. 31F: certainty (3)
ἀσφαλής, ές	safe; cf. 31F: certain (5)
ἀσφαλῶς	safely; cf. 31F: certainly (3)
ἀσφαλίζω	I make safe (4)
ἐπισφαλής, ές	dangerous (1)

D. Become Safe, Free from Danger

φεύγω	I escape; cf. 15D: I flee (29)
ἐκφεύγω	I escape; cf. 15D: I flee (8)
ἀποφεύγω	I escape (3)
διαφεύγω	I escape (1)

E. Cause To Be Safe, Free from Danger

ῥύομαι	I rescue, I deliver (17)

F. Save in a Religious Sense

σωτηρία, ας, ἡ	salvation (46)
σῴζω	I save; cf. 23H: I heal (106)
σωτήριος, ον	bringing salvation (1)
σωτήριον, ου, τό	salvation (4)
σωτήρ, ῆρος, ὁ	Savior (24)
διασῴζω	I save; cf. 23H: I heal (8)
ἀπόλλυμι	[mid.] I perish; cf. 20C: I destroy; 57G: I lose (90)

22. Trouble, Hardship, Relief, Favorable Circumstances

A. Trouble, Hardship, Distress

ἀνάγκη	distress; cf. 37B: compulsion; 71E: necessity (17)
θλῖψις, εως, ἡ	trouble, suffering, tribulation (45)
κόπος, ου, ὁ	trouble; cf. 42D: hard work, labor (18)
οὐαί, ἡ	woe (46)

B. Experience Trouble, Hardship

βαρέω	I burden, I weigh down (6)
ἐπιβαρέω	I burden (3)
καταβαρέω	I burden (1)
βάρος, ους, τό	burden, weight (6)
βαρύς, εῖα, ύ	burdensome, weighty (6)
ἀβαρής, ές	not burdensome (1)
βαρέως	with difficulty (2)

C. Cause Trouble, Hardship

θλίβω	I trouble, I afflict; cf. 19E: I press against (10)
φείδομαι	I spare (10)
φειδομένως	sparingly (2)

23. Physiological Processes and States

A. Eat, Drink

ἐσθίω	I eat (158)
κατεσθίω	I eat up, I devour (14)
συνεσθίω	I eat together (5)
γεύομαι	I eat; cf. 24D: I taste (17)
βρῶσις, εως, ἡ	eating; cf. 5A: food (11)
βιβρώσκω	I eat (1)
βρώσιμος, ον	eatable (1)
σητόβρωτος, ον	moth-eaten (1)
σκωληκόβρωτος, ον	eaten by worms (1)
χορτάζω	I feed; cf. 25G: [pass.] I am satisfied (16)
χόρτασμα, τος, τό	food (1)
δεῖπνον, ου, τό	meal, supper, banquet (16)
δειπνέω	I eat a meal (4)
ἀνάκειμαι	I eat; cf. 17F: I recline at the table (14)
κατάκειμαι	I eat; cf. 17F: I recline at the table; 17G: I lie down (12)
πεινάω	I am hungry, I hunger (23)
πρόσπεινος, ον	hungry (1)
λιμός, οῦ, ὁ, ἡ	famine, hunger (12)

πίνω	I drink (73)
συμπίνω	I drink with (1)
καταπίνω	I swallow (7)
ποτίζω	I give to drink; cf. 43: I water (15)
πόσις, εως, ἡ	drinking, drink (3)
συμπόσιον, ου, τό	group drinking/eating together {symposium} (2)
πόμα, τος, τό	drink (2)
ὑδροποτέω	I drink water (1)
διψάω	I am thirsty, I thirst (16)
δίψος, ους, τό	thirst (1)

B. Processes Involving the Mouth, Other than Eating and Drinking

ἐπιλείχω	I lick (1)
πτύω	I spit (3)
ἐμπτύω	I spit on (6)
πτύσμα, τος, τό	saliva (1)
ἐμέω	I vomit {emetic} (1)

C. Birth, Procreation

γεννάω	I bear; I am the father of; [pass.] I am born (97)
ἀναγεννάω	I give new birth to (2)
γένεσις, εως, ἡ	birth (5)
γενετή, ῆς, ἡ	birth (1)
γεννητός, ή, όν	born (2)
ἀρτιγέννητος, ον	newly born (1)
τεκνογονέω	I bear children (1)
τεκνογονία, ας, ἡ	bearing of children (1)
γέννημα, τος, τό	offspring, brood (4)
συλλαμβάνω	I become pregnant; cf. 37F: I take, I arrest (16)
τίκτω	I bear, I give birth to (18)
στεῖρα, ας, ἡ	barren {sterile} (5)

D. Sexual Relations

γινώσκω	I know sexually; cf. 27A: I find out; 28A: I know (222)
κοίτη, ης, ἡ	sexual relations {coitus} (4)
κοιτών, ῶνος, ὁ	bedroom (1)

E. Sleep, Waking

καθεύδω	I sleep; cf. 23G: I am dead (22)
κοιμάομαι	I sleep, I fall asleep; cf. 23G: I die (18)
κοίμησις, εως, ἡ	sleep (1)
ὕπνος, ου, ὁ	sleep (6)
ἀφυπνόω	I fall asleep (1)
ἀγρυπνία, ας, ἡ	sleeplessness (2)
ἀγρυπνέω	I am alert (4)
ἔξυπνος, ον	awakened (1)
ἐξυπνίζω	I wake up (1)
ἐνυπνιάζομαι	I dream (2)
ἐνύπιον, ου, τό	dream (1)
γρηγορέω	I stay awake; cf. 27F: I keep watch (22)
διαγρηγορέω	I become fully awake (1)

F. Tire, Rest

ἀναπαύω	I give rest, I refresh; [mid.] I rest (12)
ἀνάπαυσις, εως, ἡ	rest; cf. 68D: stop (5)
καταπαύω	I rest; cf. 68D: I stop (4)
κατάπαυσις, εως, ἡ	rest (9)
συναναπαύομαι	I rest with (1)

G. Live, Die

ζάω	I live, I live again (140)
ἀναζάω	I live again (2)
συζάω	I live with (3)
ζωή, ῆς, ἡ	life (135)
ζῳογονέω	I give life to (3)
ζῳοποιέω	I make alive (11)
συζωοποιέω	I make alive with (2)

ψυχή, ῆς, ἡ	life; cf. 9A: person; 26: soul (103)
ψυχικός, ή, όν	natural, physical (6)
ἄψυχος, ον	lifeless (1)
ἐκψύχω	I die (3)
ἀνίστημι	I raise up; cf. 17A: [intrans.] I stand up, I arise (108)
ἀνάστασις, εως, ἡ	resurrection (42)
ἐξανάστασις, εως, ἡ	resurrection (1)
ἐγείρω	I raise up; cf. 17A: I stand up (144)
συνεγείρω	I raise together with (3)
ἐξεγείρω	I raise up (2)
ἔγερσις, εως, ἡ	resurrection (1)
ἀποθνῄσκω	I die (111)
συναποθνῄσκω	I die together with (3)
θνῄσκω	I die (9)
θνητός, ή, όν	mortal (6)
θάνατος, ου, ὁ	death (120)
θανάσιμον, ου, τό	deadly thing (1)
θανατηφόρος, ον	deadly (1)
ἐπιθανάτιος, ον	sentenced to die (1)
ἡμιθανής, ές	half dead (1)
ἀθανασία, ας, ἡ	immortality (3)
τελευτάω	I die (11)
τελευτή, ῆς, ἡ	death (1)
καθεύδω	I am dead; cf. 23E: I sleep (22)
κοιμάομαι	I die; cf. 23E: I sleep, I fall asleep (18)
πνίγω	I choke; [pass.] I drown (3)
πνικτός, ή, όν	strangled (3)
ἀποπνίγω	I choke; [pass.] I drown (2)
συμπνίγω	I choke (5)
νεκρός, ά, όν	dead; [subst.] dead person (128)
νέκρωσις, εως, ἡ	death (2)
νεκρόω	I put to death (3)
φθαρτός, ή, όν	mortal, perishable (6)
ἀφθαρσία, ας, ἡ	immortality (7)
ἄφθαρτος, ον	immortal, imperishable (8)

H. Health, Vigor, Strength

ὑγιαίνω	I am well; cf. 72B: I am sound (12)
ὑγιής, ές	well; cf. 72B: sound (11)
ἰάομαι	I heal (26)
ἴασις, εως, ἡ	healing (3)
ἴαμα, τος, τό	healing (3)
ἰατρός, οῦ, ὁ	physician, doctor (7)
σῴζω	I heal; cf. 21F: I save (106)
διασῴζω	I heal; cf. 21F: I save (8)
θεραπεύω	I heal, I cure (43)
θεραπεία, ας, ἡ	healing (3)

I. Sickness, Disease, Weakness

ἀσθένεια, ας, ἡ	sickness, illness; cf. 74: weakness (24)
ἀσθενέω	I am sick, I am ill; cf. 74: I am weak (33)
ἀσθενής, ές	sick; cf. 74: weak (26)
κακῶς	sickly; cf. 72B: wrongly; 78A: severely (16)
νόσος, ου, ἡ	disease, sickness (11)
πληγή, ῆς, ἡ	plague; cf. blow; 19A: wound (22)
δυσεντέριον, ου, τό	dysentery (1)
λέπρα, ας, ἡ	leprosy (4)
λεπρός, οῦ, ὁ	leper (9)
γάγγραινα, ης, ἡ	gangrene (1)
παραλυτικός, ή, όν	lame; [subst.] paralytic (10)
παραλύομαι	I am paralyzed (5)

J. Breathe, Breath

ἐμφυσάω	I breath on {emphysema} (1)
πνεῦμα, τος, τό	breath; cf. 12A: Spirit; cf. 14B: wind; 26: spirit (379)
πνοή, ῆς, ἡ	breath; cf. 14B: wind (2)
θεόπνευστος, ον	inspired by God (1)
ἐμπνέω	I breathe (1)

K. Grow, Growth

αὐξάνω	I grow; cf. 59G: I increase (23)

αὔξησις, εως, ἡ   growth (2)
συναυξάνομαι   I grow with (1)
ὑπεραυξάνω   I grow abundantly (1)

L. Ripen, Produce Fruit, Bear Seed

φέρω   I bear; cf. 15W: I bring; 15X: I carry (66)
τελεσφορέω   I produce mature fruit (1)
εὐφορέω   I produce a good crop (1)
καρποφορέω   I bear fruit (8)
καρποφόρος, ον   fruitful (1)
ἄκαρπος, ον   without fruit, unfruitful (7)

M. Rot, Decay

φθορά, ᾶς, ἡ   decay; cf. 20C: destruction; 88I': corruption
                        (9)
διαφθορά, ᾶς, ἡ   decay (6)

24. Sensory Events and States

A. See

ὁράω   I see; cf. 32B: I perceive (113)
ὑπεροράω   I overlook (1)
προοράω   I see beforehand (4)
ὅρασις, εως, ἡ   appearance (4)
ὁρατός, ή, όν   visible (1)
ἀόρατος, ον   invisible (5)
εἶδος, ους, τό   sight; cf. 58B: appearance (5)
ὀφθαλμός, οῦ, ὁ   sight; cf. 8B: eye (100)
ἀντοφθαλμέω   I face into (1)
ὀπτάνομαι   I am seen by (1)
αὐτόπτης, ου, ὁ   eyewitness (1)
ἐπόπτης, ου, ὁ   eyewitness (1)
ἐποπτεύω   I see (2)
βλέπω   I see; cf. 27F: I watch out; 32B: I perceive
                        (132)
βλέμμα, τος, τό   what is seen (1)

ἐμβλέπω	I look at (12)
ἀναβλέπω	I look up, I regain my sight (25)
ἀνάβλεψις, εως, ἡ	recovery of sight (1)
περιβλέπομαι	I look around (7)
ἐπιβλέπω	I look specially at (3)
διαβλέπω	I see clearly (3)
θεωρέω	I see; cf. 32B: I perceive (58)
θεωρία, ας, ἡ	sight (1)
ἀναθεωρέω	I look carefully at (2)
παραθεωρέω	I overlook (1)
θεάομαι	I see (22)
φαίνω	[mid.-pass.] I appear; cf. 14F: I shine (31)
ἀναφαίνω	[pass.] I appear (2)
ἐπιφαίνω	I appear; cf. 14F: I shine on (4)
ἐπιφάνεια, ας, ἡ	appearing (6)
φανερόω	I make visible; [pass.] I appear; cf. 28C: I make known (49)
φανέρωσις, εως, ἡ	manifestation (2)
φανερός, ά, όν	clear; cf. 28C: known (18)
φανερῶς	clearly (3)
φαντάζομαι	I appear (1)
ἐμφανίζω	I make visible; cf. 28C: I make known (10)
ἐμφανής, ές	visible (2)
ἀφανίζω	I disfigure, [pass.] I disappear (5)
ἀφανισμός, οῦ, ὁ	disappearance (1)
ἄφαντος, ον	invisible (1)
ἀφανής, ές	hidden (1)
πρόσωπον, ου, τό	appearance; cf. 8B: face (76)
εὐπροσωπέω	I make a good showing (1)
αἴνιγμα, τος, τό	dim image {enigma} (1)
τυφλός, ή, όν	blind; [subst.] blind person (50)
τυφλόω	I blind (3)
ἀτενίζω	I look intently at, I stare at (14)
κατανοέω	I look at; cf. 30A: I consider (14)

B. Hear

ἀκούω	I hear; cf. 31G: I listen to (428)
ἀκοή, ῆς, ἡ	message, hearing, report (24)
εἰσακούω	I listen to (5)
ἐπακούω	I listen to (1)
προακούω	I hear before (1)
παρακούω	I overhear (3)
κωφός, ή, όν	deaf; cf. 33F: mute (14)

D. Taste

γεύομαι	I taste; cf. 23A: I eat (17)

E. Touch, Feel

ἅπτω	[mid.] I touch; cf. 14H: I kindle (39)

F. Pain, Suffering

πάσχω	I suffer (42)
προπάσχω	I suffer before (1)
πάθημα, τος, τό	suffering; cf. 25B: passion (16)
παθητός, ή, όν	subject to suffering (1)
συμπάσχω	I suffer together (2)
κακοπαθέω	I suffer hardship (3)
συγκακοπαθέω	I suffer hardship with (2)
κακοπάθεια, ας, ἡ	suffering (1)
βασανίζω	I torture, I torment (12)
βασανισμός, οῦ, ὁ	torture, torment (6)
βάσανος, ου, ἡ	torment (3)
βασανιστής, οῦ, ὁ	torturer (1)

25. Attitudes and Emotions

A. Desire, Want, Wish

θέλω	I desire, I want, I wish (208)
θέλησις, εως, ἡ	will (1)
θέλημα, τος, τό	will, desire (62)
βούλομαι	I want; cf. 30D: I plan (37)

B. Desire Strongly

ἐπιθυμέω	I desire, I lust, I covet (16)
ἐπιθυμία, ας, ἡ	desire, lust, covetousness (38)
ἐπιθυμητής, οῦ, ὁ	one who desires (1)
ἐπιποθέω	I long for (9)
ἐπιποθία, ας, ἡ	longing (1)
ἐπιπόθησις, εως, ἡ	longing (2)
ἐπιπόθητος, ον	longed for (1)
πλεονεξία, ας, ἡ	greed, covetousness (10)
πλεονέκτης, ου, ὁ	greedy person (4)
πάθημα, τος, τό	passion; cf. 24F: suffering (16)
πάθος, ους, τό	passion (3)
ὁμοιοπαθής, ές	with the same nature (2)

C. Love, Affection, Compassion

φιλέω	I love; cf. 25J: I like to; 34I: I kiss (25)
φιλία, ας, ἡ	love (1)
φιλαδελφία, ας, ἡ	love for fellow believer (6)
φιλάδελφος, ον	loving a fellow believer (1)
φίλανδρος, ον	loving one's husband (1)
φιλότεκνος, ον	loving one's children (1)
φίλαυτος, ον	loving oneself (1)
φιλόθεος, ον	loving God (1)
φιλόστοργος, ον	very loving (1)
ἀγαπάω	I love (143)
ἀγάπη, ης, ἡ	love (116)
ἀγαπητός, ή, όν	beloved; [subst.] dear friends (61)
ζηλόω	I have zeal; cf. 25F: I desire earnestly; 88V: I am jealous (11)
ζῆλος, ου, ὁ; ους, τό	zeal; cf. 88V: jealousy (16)
σπλαγχνίζομαι	I have compassion for, I pity (12)
σπλάγχνα, ων, τά	compassion; cf. 8B: [pl.] intestines; 26A: heart (11)
εὔσπλαγχνος, ον	compassionate (2)
πολύσπλαγχνος, ον	very compassionate (1)
συμπαθέω	I have sympathy for (2)

συμπαθής, ές   sympathetic (1)

D. Hope, Look Forward To

ἐλπίζω   I hope; cf. 30C: I expect (31)

προελπίζω   I am the first to hope (1)

ἐλπίς, ίδος, ἡ   hope (53)

F. Be Eager, Be Earnest, In a Devoted Manner

σπουδή, ῆς, ἡ   eagerness; cf. 68F: diligence; 68G: haste
                                     (12)

σπουδαῖος, α, ον   eager, earnest (3)

σπουδαίως   eagerly, earnestly (4)

ζηλόω   I desire earnestly; cf. 25C: I have zeal;
                                     88V: I am jealous (11)

ζηλεύω   I desire earnestly (1)

ζηλωτής, οῦ, ὁ   zealot, enthusiast (8)

G. Content, Satisfied

χορτάζω   [pass.] I am satisfied; cf. 23A: I feed (16)

ἀρκέω   [pass.] I am content; cf. 59E: I am
                                     sufficient (8)

αὐτάρκεια, ας, ἡ   contentment (2)

αὐτάρκης, ες   content (1)

H. Acceptable To, To Be Pleased With

δεκτός, ή, όν   pleasing, acceptable (5)

ἀπόδεκτος, ον   pleasing, acceptable (2)

εὐπρόσδεκτος, ον   quite pleasing, very acceptable (5)

εὐδοκέω   I am pleased with, I take pleasure in (21)

εὐδοκία, ας, ἡ   pleasure, good will (9)

χάρις, ιτος, ἡ   favor; cf. 57H: gift; 88I: grace (155)

ἀρέσκω   I please (17)

ἀρεσκεία, ας, ἡ   that which pleases (1)

ἀρεστός, ή, όν   pleasing (4)

εὐαρεστέω   I please (3)

εὐάρεστος, ον   pleasing (9)

εὐαρέστως   pleasingly (1)
ἀνθρωπάρεσκος, ον   pleasing people (2)

I. Thankful, Grateful

εὐχαριστέω   I am thankful; cf. 33J': I thank, I give
                              thanks (38)
εὐχάριστος, ον   thankful (1)
ἀχάριστος, ον   unthankful (1)

J. Enjoy, Take Pleasure In, Be Fond of Doing

φιλέω   I like to; cf. 25C: I love; 34I: I kiss (25)
φιλάγαθος, ον   loving what is good (1)
ἀφιλάγαθος, ον   not loving what is good (1)
φιλαργυρία, ας, ἡ   love of money (1)
φιλάργυρος, ον   loving money (2)
ἀφιλάργυρος, ον   not loving money (2)
φιλοπρωτεύω   I like to be first (1)
ἡδονή, ῆς, ἡ   pleasure {hedonism} (5)
φιλήδονος, ον   loving pleasure (1)
συνήδομαι   I delight in (1)
ἡδέως, ἥδιστα   gladly; [superl.] very gladly (5)

K. Happy, Glad, Joyful

ἱλαρότης, ητος, ἡ   happiness {hilarity} (1)
ἱλαρός, ά, όν   happy {hilarious} (1)
μακάριος, α, ον   happy, blessed (50)
μακαρισμός, οῦ, ὁ   happiness, blessing (3)
μακαρίζω   I regard as happy (2)
εὐφραίνω   I make glad; [pass.] I rejoice, I celebrate (14)
εὐφροσύνη, ης, ἡ   joy, gladness (2)
χαρά, ᾶς, ἡ   joy, gladness (59)
χαίρω   I rejoice, I am glad; cf. 33C: hail, greetings
                              (74)
συγχαίρω   I rejoice with (7)
ἀγαλλιάω   I rejoice [greatly], I am glad (11)
ἀγαλλίασις, εως, ἡ   [great] joy, gladness (5)

L. Laugh, Cry, Groan

κλαίω	I weep, I cry (40)
κλαυθμός, οῦ, ὁ	weeping, crying (9)
πενθέω	I mourn (10)
πένθος, ους, τό	mourning (5)
στενάζω	I groan (6)
στεναγμός, οῦ, ὁ	groaning (2)
ἀναστενάζω	I sigh deeply (1)
συστενάζω	I groan together (1)

M. Encouragement, Consolation

παρακαλέω	I encourage, I console; cf. 33L: I appeal to, I urge (109)
παράκλησις, εως, ἡ	encouragement, comfort; cf. 33L: appeal (29)
συμπαρακαλέομαι	I am encouraged together (1)
παρηγορία, ας, ἡ	comfort {paregoric} (1)

N. Courage, Boldness

θαρρέω	I am bold, I have confidence (6)
θαρσέω	[impv. only] Take courage! (7)
θάρσος, ους, τό	courage (1)
παρρησία, ας, ἡ	courage, boldness, confidence (31)
παρρησιάζομαι	I have courage, I am bold (9)
τολμάω	I dare (16)
τολμηρότερον	rather boldly (1)
ἀποτολμάω	I am very bold (1)
τολμητής, οῦ, ὁ	daring person (1)

O. Patience, Endurance, Perseverance

μακροθυμία, ας, ἡ	patience (14)
μακροθυμέω	I am patient, I wait patiently (10)
μακροθύμως	patiently (1)
ἀνέχομαι	I bear with, I endure (15)
ἀνοχή, ῆς, ἡ	forbearance (2)
ἀνεκτός, όν	bearable, tolerable (5)

| ὑπομονή, ῆς, ἡ | endurance, perseverance (32) |
| ὑπομένω | I endure; cf. 85C: I stay behind (17) |

P. Offend, Be Offended

| σκανδαλίζω | [pass.] I take offense; cf. 88L': I cause to sin/stumble, [pass.] I fall away (29) |
| σκάνδαλον, ου, τό | offense; cf. 88L': sin, stumbling block (15) |

R. Shame, Disgrace, Humiliation

αἰσχύνη, ης, ἡ	shame (6)
αἰσχύνομαι	I am ashamed (5)
ἐπαισχύνομαι	I am ashamed of (11)
ἀνεπαίσχυντος, ον	unashamed (1)
καταισχύνω	I put to shame, I disgrace (13)
αἰσχρότης, ητος, ἡ	shameful behavior (1)
αἰσχρός, ά, όν	shameful (4)
ἐντροπή, ῆς, ἡ	shame (2)
ἐντρέπω	I shame (9)

S. Pride (legitimate)

| καύχημα, τος, τό | pride; cf. 33M': boast, boasting (11) |
| καύχησις, εως, ἡ | pride; cf. 33M': boast, boasting (11) |

T. Surprise, Astonish

θάμβος, ους, τό	astonishment, amazement (3)
θαμβέομαι	I am astonished, I am amazed (3)
ἐκθαμβέομαι	I am greatly astonished, I am alarmed (4)
ἔκθαμβος, ον	greatly astonished (1)
θαυμάζω	I am astonished, I am amazed, I marvel (43)
ἐκθαυμάζω	I am greatly amazed (1)
θαῦμα, τος, τό	wonder, amazement (2)
θαυμάσιος, α, ον	wonderful (1)
θαυμαστός, ή, όν	wonderful, marvelous (6)
ἐξίστημι, ἐξιστάνω	I astonish greatly, [intrans.] I am astounded (17)

ἔκστασις, εως, ἡ   amazement (7)

U. Worry, Anxiety, Distress, Peace

μέλει	[impers.] it is of concern (10)
μεριμνάω	I worry about (19)
μέριμνα, ης, ἡ	anxiety, worry (6)
ἀμέριμνος, ον	without worry (2)
προμεριμνάω	I worry beforehand (1)
εἰρήνη, ης, ἡ	peace (92)
εἰρηνικός, ή, όν	peaceful (2)
εἰρηνεύω	I live in peace (4)
εἰρηνοποιέω	I make peace (1)
εἰρηνοποιός, οῦ, ὁ	peacemaker (1)

V. Fear, Terror, Alarm

φόβος, ου, ὁ	fear, terror (47)
φοβέομαι	I fear, I am afraid (95)
ἀφόβως	without fear (4)
φοβερός, ά, όν	fearful (3)
ἔμφοβος, ον	terrified (5)
ἔκφοβος, ον	terrified (2)
ἐκφοβέω	I terrify (1)
φόβητρον, ου, τό	dreadful sight (1)

W. Sorrow, Regret

λύπη, ης, ἡ	sorrow, grief (16)
λυπέω	I make sad, I grieve; [pass.] I am sad (26)
συλλυπέομαι	I feel sorry for (1)
περίλυπος, ον	overwhelmed with sorrow (5)
ἀλυπότερος, α, ον	no longer sorrowful (1)
ἀγωνία, ας, ἡ	agony, intense sorrow (1)

26. Psychological Faculties

καρδία, ας, ἡ	heart (156)
ψυχή, ῆς, ἡ	soul; cf. 9A: person; 23G: life (103)
ἰσόψυχος, ον	having the same mind (1)

σύμψυχος, ον	united in spirit (1)
δίψυχος, ον	double-minded (2)
σάρξ, σαρκός, ἡ	human nature; cf. 8A: body; 8B: flesh (147)
σαρκικός, ή, όν	human; cf. 41C: worldly; 79A: material (7)
σάρκινος, η, ον	human; cf. 41C: worldly (4)
πνεῦμα, τος, τό	spirit; cf. 12A: Spirit; 14B: wind; 23J: breath (379)
πνευματικός, ή, όν	spiritual; cf. 12A: from the Spirit (26)
πνευματικῶς	spiritually (2)
σπλάγχνα, ων, τά	heart; cf. 8B: [pl.] intestines; 25C: compassion (11)
συνείδησις, εως, ἡ	conscience; cf. 28A: awareness (30)
νοῦς, ός, ὁ	mind (24)
νουνεχῶς	wisely (1)
νόημα, τος, τό	mind (6)
διανόημα, τος, τό	thought (1)
διάνοια, ας, ἡ	mind, understanding (12)
δυσνόητος, ον	difficult to understand (1)
φρονέω	I have in mind; cf. 30A: I think (26)
φρήν, φρενός, ἡ	thinking (2)
φρόνησις, εως, ἡ	thinking (2)
φρόνημα, τος, τό	mind (4)

27. Learn

A. Learn

γινώσκω	I find out; cf. 23D: I know sexually; 28A: I know (222)
διαγινώσκω	I examine (2)
ἐπιγινώσκω	I find out; cf. 27G: I recognize; 28A: I know (44)
μανθάνω	I learn (25)
ἀμαθής, ές	ignorant (1)
ἰδιώτης, ου, ὁ	untrained, uninformed {idiot} (5)

B. Learn the Location of Something

εὑρίσκω	I find (176)
ἀνευρίσκω	I find (2)

D. Try To Learn

ζητέω	I look for, I seek (117)
ἐκζητέω	I seek [diligently] (7)
ἀναζητέω	I look for (3)
ἐπιζητέω	I look for, I seek (13)
ἀνακρίνω	I examine; cf. 30G: I judge; 56D: I question (16)
δοκιμάζω	I test, I examine; cf. 30G: I prove, I approve (22)
δοκιμή, ῆς, ἡ	testing (7)
δοκίμιον, ου, τό	testing (2)
δοκιμασία, ας, ἡ	testing (1)
πειράζω	I test; cf. 68E: I try; 88L': I tempt (38)
ἐκπαιράζω	I test; cf. 88L': I tempt (4)
πειρασμός, οῦ, ὁ	testing; cf. 88L': temptation (21)

F. Be Ready To Learn, Pay Attention

γρηγορέω	I keep watch; cf. 23E: I stay awake (22)
βλέπω	I watch out; cf. 24A: I see; 32B: I perceive (132)
προσέχω	I pay attention to; cf. 31F: I hold firmly to (24)
ἐπέχω	I pay attention to; cf. 31F: I hold firmly to (5)

G. Recognize

ἐπιγινώσκω	I recognize; cf. 27A: I find out; 28A: I know (44)
ἀναγνωρίζομαι	I make myself known (1)

28. Know

A. Know

γινώσκω	I know; cf. 23D: I know sexually; 27A: I find out (222)

γνωρίζω	I know; cf. 28B: I make known (25)
γνῶσις, εως, ἡ	knowledge (29)
γνώστης, ου, ὁ	expert (1)
καρδιογνώστης, ου, ὁ	knower of hearts (2)
ἐπιγινώσκω	I know; cf. 27A: I find out; 27G: I recognize (44)
ἐπίγνωσις, εως, ἡ	knowledge (20)
προγινώσκω	I know beforehand (5)
πρόγνωσις, εως, ἡ	foreknowledge (2)
οἶδα	I know; cf. 32A: I understand (318)
σύνοιδα	I share knowledge with (2)
συνείδησις, εως, ἡ	awareness; cf. 26: conscience (30)
ἐπίσταμαι	I know; cf. 32A: I understand (14)
ἀγνοέω	I do not know; I am ignorant; cf. 32A: I do not understand (22)
ἄγνοια, ας, ἡ	ignorance (4)
ἀγνωσία, ας, ἡ	ignorance (2)

B. Known (the content of knowledge)

γνωστός, ή, όν	known (15)
ἄγνωστος, ον	unknown (1)
γνωρίζω	I make known; cf. 28A: I know (25)

C. Well Known, Clearly Shown, Revealed

φανερός, ά, όν	known; cf. 24A: clear (18)
φανερόω	I make known; cf. 24A: [pass.] I make visible; I appear (49)
ἐμφανίζω	I make known; cf. 24A: I make visible (10)
φανέρωσις, εως, ἡ	disclosure (2)
φωτίζω	I bring to light; cf. 14F: I give light to (11)
φωτισμός, οῦ, ὁ	revelation (2)
ξένος, η, ον	strange; cf. 11C: [subst.] stranger, foreigner (14)
ἀποκαλύπτω	I reveal (26)
ἀποκάλυψις, εως, ἡ	revelation (18)
χρηματίζω	I warn with a divine message (9)

χρηματισμός, οῦ, ὁ	divine reply (1)
βέβαιος, α, ον	firm, sure (8)
βεβαιόω	I confirm (8)
βεβαίωσις, εως, ἡ	confirmation (2)
δείκνυμι	I show, I make known (33)
ὑποδείκνυμι	I show, I make known (6)
δεῖγμα, τος, τό	example (1)
ἀποδείκνυμι	I show (4)
ἀπόδειξις, εως, ἡ	demonstration (1)
ἐνδείκνυμαι	I show (11)
ἔνδειξις, εως, ἡ	evidence (4)
ἔνδειγμα, τος, τό	evidence (1)
ἀναδείκνυμι	I show (2)
ἀνάδειξις, εως, ἡ	public revelation (1)
συνίστημι, συνιστάνω	I demonstrate; cf. 33H': I recommend (16)

D. Able to Be Known

δῆλος, η, ον	evident (3)
δηλόω	I make known (7)
ἔκδηλος, ον	clear (1)
πρόδηλος, ον	clearly evident (3)
κατάδηλος, ον	very clear (1)
ἄδηλος, ον	not clear (2)
ἴδιος, α, ον	privately [κατ' ἰδίαν]; cf. 57A: one's own (114)

E. Not Able To Be Known, Secret

κρυπτός, ή, όν	secret, hidden (17)
ἀπόκρυφος, ον	hidden (3)
κρυφῇ	secretly (1)
κρυφαῖος, α, ον	secret (2)
κρύπτη, ης, ἡ	secret place (1)
κρύπτω	I hide (18)
ἀποκρύπτω	I hide (4)
περικρύβω	I hide (1)
καλύπτω	I hide; cf. 79Y: I cover (8)
συγκαλύπτω	I hide (1)

παρακαλύπτω   I hide (1)
μυστήριον, ου, τό   secret, mystery (28)

29. Memory and Recall

B. Recalling from Memory

μνημονεύω   I remember (21)
μιμνήσκομαι   I remember (23)
μνήμη, ης, ἡ   remembrance (1)
μνεία, ας, ἡ   remembrance (7)
ἀναμιμνήσκω   I remind; [pass.] I remember (6)
ἀνάμνησις, εως, ἡ   remembrance (4)
ὑπομιμνήσκω   I remind; [pass.] I remember (7)
ὑπόμνησις, εως, ἡ   reminder (3)
ἐπαναμιμνήσκω   I remind (1)
μνημόσυνον, ου, τό   memorial (3)

C. Not Remembering, Forgetting

λανθάνω   I forget (6)
λήθη, ης, ἡ   forgetfulness (1)
ἐπιλανθάνομαι   I forget (8)
ἐπιλησμονή, ῆς, ἡ   forgetfulness (1)
ἐκλανθάνομαι   I forget entirely (1)

30. Think

A. To Think, Thought

νοέω   I consider; cf. 32A: I understand (14)
κατανοέω   I consider; cf. 24A: I look at (14)
προνοέω   I take thought beforehand (3)
πρόνοια, ας, ἡ   foresight (2)
λογίζομαι   I consider, I think about; cf. 57T: I reckon,
                                     I count (40)
λογισμός, οῦ, ὁ   reasoning (2)
διαλογίζομαι   I think about, I reason; cf. 33K: I discuss
                                     (16)

διαλογισμός, οῦ, ὁ	thought; cf. 33Y': argument (14)
ἀναλογίζομαι	I consider (1)
ἄλογος, ον	without reason (3)
φρονέω	I think; cf. 26: I have in mind (26)
ὑπερφρονέω	I think of myself more highly (1)
φροντίζω	I concentrate on (1)
ὁμόφρων, ον	like-minded (1)
σωφρονέω	I am sane (6)
παραφρονέω	I am insane (1)
παραφρονία, ας, ἡ	insanity (1)
μανία, ας, ἡ	insanity {maniac} (1)
μαίνομαι	I am insane (5)
νήφω	I am sober (6)
ἐκνήφω	I come to my senses (1)
ἀνανήφω	I come to my senses (1)
νηφάλιος, α, ον	sober, temperate (3)

C. To Think Concerning Future Contingencies

ἐλπίζω	I expect; cf. 25D: I hope (31)
ἀπελπίζω	I expect in return (1)
προσδοκάω	I expect, I wait for (16)
προσδοκία, ας, ἡ	expectation (2)
ἀποκαραδοκία, ας, ἡ	eager expectation (2)

D. To Intend, To Purpose, To Plan

βούλομαι	I plan; cf. 25A: I want (37)
βουλεύομαι	I plan (6)
βουλή, ῆς, ἡ	plan, purpose (12)
βούλημα, τος, τό	plan (3)
ἐπιβουλή, ῆς, ἡ	plot (4)
συμβούλιον, ου, τό	plot, plan (8)
συμβουλεύω	[mid.] I plot (4)
πρόθεσις, εως, ἡ	purpose (12)
προτίθεμαι	I plan (3)

E. To Decide, To Conclude

κρίνω	I decide; cf. 30G: I judge; cf. 56E: I condemn (114)
ἐπικρίνω	I decide (1)
πρόκριμα, τος, τό	prejudice (1)
ὁρίζω	I determine; cf. 37E: I appoint (8)
προορίζω	I predestine (6)

F. To Choose, To Select, To Prefer

ἐκλέγομαι	I choose (22)
ἐκλογή, ῆς, ἡ	election (7)
ἐπιλέγω	[mid.] I choose; cf. 33I: I call (2)
ἐκλεκτός, ή, όν	chosen, elect (22)
συνεκλεκτός, ή, όν	chosen together with (1)
κλῆρος, ου, ὁ	lot; cf. 63D: share (11)
κληρόω	I choose (1)

G. To Distinguish, To Evaluate, To Judge

κρίνω	I judge; cf. 30E: I decide; 56E: I condemn (114)
κρίσις, εως, ἡ	judgment; cf. 56E: condemnation (47)
κρίμα, τος, τό	judgment; cf. 56E: condemnation (27)
ἀνακρίνω	I judge; cf. 27D: I examine; 56D: I question (16)
διακρίνω	I judge; cf. 31F: [mid.] I doubt; 33X': [mid.] I contend (19)
διάκρισις, εως, ἡ	discernment; cf. 33X': contention (3)
δοκιμάζω	I prove, I approve; cf. 27D: I test, I examine (22)
δόκιμος, ον	approved (7)
ἀποδοκιμάζω	I reject (9)

31. Hold a View, Believe, Trust

A. Have an Opinion, Hold a View

ἡγέομαι	I consider, I regard; cf. 37D: I rule (28)

ἔχω   I regard; cf. 57A: I have, I hold (708)

B. Hold a Wrong View, Be Mistaken

πλανάω   I lead astray, I deceive; cf. 31H: [pass.]
             I go astray (39)
ἀποπλανάω   I deceive; cf. 31H: [pass.] I go astray (2)
πλάνη, ης, ἡ   error, deception (10)
πλάνος, ον   deceitful (5)
ἀπατάω   I deceive (3)
ἐξαπατάω   I deceive (6)
ἀπάτη, ης, ἡ   deception, deceitfulness (7)
φρεναπατάω   I deceive (1)
φρεναπάτης, ου, ὁ   deceiver (1)

C. Agree, Consent

ὁμοθυμαδόν   together, with one mind (11)

E. Suppose, Think Possible

νομίζω   I suppose, I think (15)
δοκέω   I think, [impers.] seem (62)

F. Believe To Be True

πιστεύω   I believe; cf. 31I: I trust; 35E: I entrust to
             (241)
πιστόομαι   I believe firmly (1)
ἀπιστέω   I do not believe; cf. 31I: I do not trust (8)
διακρίνω   [mid.] I doubt; cf. 30G: I judge; 33X': [mid.]
             I contend (19)
ἀσφάλεια, ας, ἡ   certainty; cf. 21C: safety (3)
ἀσφαλής, ές   certain; cf. 21C: safe (5)
ἀσφαλῶς   certainly: cf. 21C: safely (3)
προσέχω   I hold firmly to; cf. 27F: I pay attention to
             (24)
ἐπέχω   I hold firmly to; cf. 27F: I pay attention to (5)
κατέχω   I hold firmly to; cf. 37A: I restrain; 57A: I
             possess (17)

ἀντέχομαι	I hold firmly to (4)

G. Accept as True

δέχομαι	I accept; cf. 34G: I welcome; 57I: I receive (56)
ἀποδέχομαι	I accept; cf. 34G: I welcome (7)
ἀποδοχή, ῆς, ἡ	acceptance (2)
παραδέχομαι	I accept; cf. 34G: I welcome (6)
προσδέχομαι	I accept; cf. 34G: I welcome; 85C: I wait for (14)
ἀκούω	I listen to; cf. 24B: I hear (428)
χωρέω	I accept; cf. 80: I have room for (10)

H. Change an Opinion Concerning Truth

ἐπιστρέφω	I turn to; cf. 15G: I return to (36)
ἐπιστροφή, ῆς, ἡ	turning (1)
ἀποστρέφω	I turn away (9)
πλανάω	[pass.] I go astray; cf. 31B: I lead astray, I deceive (39)
ἀποπλανάω	[pass.] I go astray; cf. 31B: I deceive (2)

I. Trust, Rely

πείθω	[perf.] I am confident; cf. 33B': I persuade, I convince; 36C: [pass.] I obey (52)
πεποίθησις, εως, ἡ	confidence (6)
πιστεύω	I trust; cf. 31F: I believe; 35E: I entrust to (241)
πίστις, εως, ἡ	faith, faithfulness (243)
πιστός, ή, όν	faithful, believing; cf. 31J: [subst.] believer (67)
ἀπιστέω	I do not trust; cf. 31F: I do not believe (8)
ἀπιστία, ας, ἡ	unfaithfulness, unbelief (11)
ἄπιστος, ον	faithless, unbelieving; cf. 31J: [subst.] unbeliever (23)
ὀλιγοπιστία, ας, ἡ	little faith (1)
ὀλιγόπιστος, ου, ὁ	one of little faith (5)

J. Be a Believer, Christian Faith

πιστός, ή, όν	[subst.] believer; cf. 31l: faithful, believing (67)
ἄπιστος, ον	[subst.] unbeliever; cf. 31l: faithless, unbelieving (23)
ἀπειθέω	I do not believe; cf. 36C: I disobey (14)

32. Understand

A. Understand

νοέω	I understand; cf. 30A: I consider (14)
ἀγνοέω	I do not understand; cf. 28A: I do not know, I am ignorant (22)
ἐπίσταμαι	I understand; cf. 28A: I know (14)
ἐπιστήμων, ον	understanding (1)
οἶδα	I understand; cf. 28A: I know (318)
συνίημι, συνίω	I understand (26)
σύνεσις, εως, ἡ	understanding, intelligence (7)
συνετός, ή, όν	intelligent (4)
ἀπορέω	I am perplexed (6)
ἀπορία, ας, ἡ	perplexity (1)
διαπορέω	I am very perplexed (4)

B. Come To Understand

θεωρέω	I perceive; cf. 24A: I see (58)
βλέπω	I perceive; cf. 24A: I see; 27F: I watch out (132)
ὁράω	I perceive; cf. 24A: I see (113)
συνοράω	I perceive (2)

D. Capacity for Understanding

φρόνιμος, ον	wise (14)
φρονίμως	wisely (1)
φρόνησις, εως, ἡ	wisdom, understanding (2)
σοφία, ας, ἡ	wisdom (51)
σοφός, ή, όν	wise, [subst.] wise man (20)
σοφίζω	I make wise (2)

φιλοσοφία, ας, ἡ	philosophy (1)
φιλόσοφος, ου, ὁ	philosopher (1)
μάγος, ου, ὁ	wise man; cf. 53J: magician {magi} (6)

E. Lack of Capacity for Understanding

ἀσύνετος, ον	foolish (5)
ἀνόητος, ον	foolish (6)
ἄνοια, ας, ἡ	foolishness (2)
ἄφρων, ον	foolish (11)
ἀφροσύνη, ης, ἡ	foolishness (4)
ἄσοφος, ον	foolishness (1)
μωρός, ά, όν	foolish, [subst.] fool (11)
μωρόν, οῦ, τό	foolishness (1)
μωραίνω	I make foolish; [pass.] I become foolish (4)
μωρία, ας, ἡ	foolishness (5)
ῥακά	Raca [Aram. "fool"] (1)

33. Communication

A. Language

διάλεκτος, ου, ἡ	language {dialect} (6)
γλῶσσα, ης, ἡ	language; cf. 8B: tongue (50)
ἑτερόγλωσσος, ον	speaking a strange language (1)
Ἑλληνιστί	in Greek (2)
Ἑβραϊστί	in Aramaic or Hebrew (7)
Ἑβραΐς, ίδος, ἡ	Aramaic or Hebrew language (3)
Ῥωμαϊστί	in Latin (1)
Λυκαονιστί	in Lycaonian (1)

C. Discourse Types

μῦθος, ου, ὁ	myth (5)
παραβολή, ῆς, ἡ	parable (50)
ἀλληγορέω	I speak allegorically (1)
ἀσπάζομαι	I greet (59)
ἀσπασμός, οῦ, ὁ	greeting (10)
ἀπασπάζομαι	I say goodbye (1)

χαίρω   hail, greetings; cf. 25J: I rejoice, I am glad (74)

ποιητής, οῦ, ὁ   poet; cf. 42B: doer (6)

E. Written Language

ἰῶτα, τό	iota [smallest letter of Greek alphabet] (1)
γράμμα, τος, τό	letter, writing (14)
γραφή, ῆς, ἡ	scripture, Scripture (50)
γράφω	I write (191)
χειρόγραφον, ου, τό	handwritten record (1)
ἀπογράφω	I register (4)
ἀπογραφή, ῆς, ἡ	census (2)
ἐπιγράφω	I write on (5)
ἐπιγραφή, ῆς, ἡ	inscription {epigraphy} (5)
ἐγγράφω	I write in (3)
καταγράφω	I write down (1)
προγράφω	I write before (4)
γραπτός, ή, όν	written (1)
νόμος, ου, ὁ	Law [Torah]; cf. 33G': law (194)
ἄνομος, ον	without the law; cf. 88R: lawless (9)
ἀνόμως	apart from the law (2)
ἀναγινώσκω	I read, I read aloud (32)
ἀνάγνωσις, εως, ἡ	public reading (3)

F. Speak, Talk

λέγω	I say, I speak (2354)
λόγος, ου, ὁ	word, Word (330)
λόγια, ων, τά	words, oracles (4)
λόγιος, α, ον	eloquent (1)
χρηστολογία, ας, ἡ	smooth talk (1)
πιθανολογία, ας, ἡ	plausible argument (1)
αἰσχρολογία, ας, ἡ	obscene language (1)
πολυλογία, ας, ἡ	many words (1)
βατταλογέω	I babble (1)
κακολογέω	I speak evil (4)

φημί	I say (66)
φήμη, ης, ἡ	report (2)
διαφημίζω	I spread [a report] around (3)
λαλέω	I say, I speak (296)
προσλαλέω	I speak to (2)
ἐκλαλέω	I tell (1)
συλλαλέω	I talk with (6)
διαλαλέω	I talk about (2)
λαλιά, ᾶς, ἡ	manner of speech (3)
ἀλάλητος, ον	inexpressible in words (1)
ἀνεκλάλητος, ον	inexpressible in words (1)
ἄλαλος, ον	mute (3)
μογιλάλος, ον	difficulty in speaking (1)
στόμα, τος, τό	speech; cf. 8B: mouth
ἐπιστομίζω	I silence (1)
ἀποστοματίζω	I cross-examine (1)
φωνέω	I cry out; cf. 33C': I call (43)
ἀναφωνέω	I cry out (1)
ἐπιφωνέω	I cry out (4)
προσφωνέω	I call out (7)
φωνή, ῆς, ἡ	voice; cf. 14I: sound (139)
ἄφωνος, ον	mute; cf. 14I: without sound (4)
βοάω	I cry out, I shout (12)
ἀναβοάω	I cry out (1)
βοή, ῆς, ἡ	cry (1)
κράζω	I cry out, I shout (55)
ἀνακράζω	I cry out (5)
κραυγάζω	I cry out, I shout (8)
κραυγή, ῆς, ἡ	cry, shout (6)
ῥῆμα, τος, τό	word (68)
ῥητῶς	expressly (1)
ἄρρητος, ον	inexpressible (1)
κωφός, ή, όν	mute; cf. 24B: deaf (14)

G. Sing, Lament

ᾠδή, ῆς, ἡ	song {ode} (7)
ᾄδω	I sing (5)
ψαλμός, οῦ, ὁ	psalm (7)
ψάλλω	I sing (5)
ὕμνος, ου, ὁ	hymn (2)
ὑμνέω	I sing a hymn (4)

H. Keep Silent

σιωπάω	I keep quiet, I am silent (10)
σιγάω	I keep quiet, I am silent (10)
σιγή, ῆς, ἡ	silence (2)

I. Name

ὄνομα, τος, τό	name (230)
ὀνομάζω	I name, I call (10)
ἐπονομάζομαι	I call myself (1)
ἐπικαλέω	I call; cf. 33L: [mid.] I call upon; 56D: [mid.] I appeal to (30)
ἐπιλέγω	I call; cf. 30F: [mid.] I choose (2)

J. Interpret, Mean, Explain

ἑρμηνεύω	I translate, I mean (3)
μεθερμηνεύω	I translate, I mean (8)
διερμηνεύω	I interpret, I translate (6)
διερμηνευτής, οῦ, ὁ	interpreter (1)
ἑρμηνεία, ας, ἡ	interpretation (2)
δυσερμήνευτος, ον	hard to explain (1)

K. Converse, Discuss

ὁμιλέω	I talk {homily} (4)
συνομιλέω	I talk with (1)
διαλογίζομαι	I discuss; cf. 30A: I think about, I reason (16)
συλλογίζομαι	I discuss (1)
συζητέω	I discuss; cf. 33X': I dispute (10)

L. Ask For, Request

ἐρωτάω	I ask for; cf. 33N: I ask (63)
διερωτάω	I ask for (1)
ἐπερωτάω	I ask for; cf. 33N: I ask (56)
ἐπερώτημα, τος, τό	appeal (1)
αἰτέω	I ask, I ask for (70)
παραιτέομαι	I ask for; cf. 34D: I avoid (12)
αἴτημα, τος, τό	request (3)
ἀπαιτέω	I ask back (2)
ἐξαιτέομαι	I ask for (1)
ἐπαιτέω	I beg (2)
προσαίτης, ου, ὁ	beggar (2)
παρακαλέω	I appeal to, I urge; cf. 25M: I encourage, I console (109)
παράκλησις, εως, ἡ	appeal; cf. 25M: encouragement, comfort (29)
δέομαι	I pray, I beg (22)
δέησις, εως, ἡ	prayer, request (18)
ἐπικαλέω	[mid.] I call upon; cf. 33I: I call; 56D: [mid.] I appeal to (30)

M. Pray

προσεύχομαι	I pray (85)
εὔχομαι	I pray (7)
προσευχή, ῆς, ἡ	prayer (36)
εὐχή, ῆς, ἡ	prayer (3)

N. Question, Answer

ἐρωτάω	I ask; cf. 33L: I ask for (63)
ἐπερωτάω	I ask; cf. 33L: I ask for (56)
πυνθάνομαι	I ask, I inquire (12)
ἀποκρίνομαι	I answer, I reply (231)
ἀνταποκρίνομαι	I reply (2)
ἀπόκρισις, εως, ἡ	answer (4)

O. Inform, Announce

ἀγγέλλω	I tell (1)

ἀναγγέλλω   I tell, I proclaim (14)
ἀπαγγέλλω   I tell, I report (45)
ἄγγελος, ου, ὁ   messenger; cf. 12A: angel (175)
ἀγγελία, ας, ἡ   message (2)
διαγγέλλω   I proclaim (3)
καταγγέλλω   I proclaim, I announce (18)
καταγγελεύς, έως, ὁ   proclaimer (1)
προκαταγγέλλω   I foretell (2)
ἐξαγγέλλω   I proclaim (2)
προευαγγελίζομαι   I announce the gospel beforehand (1)
εὐαγγελίζω   I preach the good news, I announce the
                                   gospel (54)
εὐαγγέλιον, ου, τό   good news, gospel (76)
ἀπόστολος, ου, ὁ   messenger; cf. 53I: apostle (80)
ἐξηγέομαι   I tell (6)
διηγέομαι   I tell (8)
ἐκδιηγέομαι   I tell fully (2)
ἀνεκδιήγητος, ον   indescribable (1)
κηρύσσω   I announce, I proclaim; cf. 33S: I preach
                                   (61)

P. Assert, Declare
ἐπαγγέλλομαι   I profess; cf. 33Y: I promise (15)

Q. Teach
διδάσκω   I teach (97)
διδαχή, ῆς, ἡ   teaching, instruction (30)
διδασκαλία, ας, ἡ   teaching, doctrine (21)
διδακτός, ή, όν   taught (3)
θεοδίδακτος, ον   taught by God (1)
διδακτικός, ή, όν   able to teach (2)
ἑτεροδιδασκαλέω   I teach a different doctrine (2)
διδάσκαλος, ου, ὁ   teacher (59)
νομοδιδάσκαλος, ου, ὁ   teacher of the law (3)
καλοδιδάσκαλος, ον   teaching what is good (1)
ψευδοδιδάσκαλος, ου, ὁ   false teacher (1)

κατηχέω	I teach {catechism} (8)
παιδεύω	I teach; cf. 36B: I discipline; 38A: I punish (13)
παιδεία, ας, ἡ	instruction; cf. 36B: discipline (6)
παιδευτής, οῦ, ὁ	instructor (2)
ἀπαίδευτος, ον	uninstructed (1)
νουθετέω	I instruct; cf. 33U': I warn (8)
νουθεσία, ας, ἡ	instruction; cf. 33U': warning (3)
παράδοσις, εως, ἡ	tradition, teaching (13)
πατροπαράδοτος, ον	handed down from one's ancestors (1)
αἵρεσις, εως, ἡ	heresy, false teaching; cf. 39B: division (9)
ῥαββί	rabbi, teacher (15)
ραββουνι	my teacher (2)

R. Speak Truth, Speak Falsehood

ψεύδομαι	I lie (12)
ψεῦδος, ους, τό	lie, falsehood (10)
ψεῦσμα, τος, τό	falsehood (1)
ψεύστης, ου, ὁ	liar (10)
ψευδής, ές	false, [subst.] liar (3)
ψευδολόγος, ου, ὁ	liar (1)
ψευδώνυμος, ον	falsely called (1)
ἀψευδής, ές	who never lies (1)

S. Preach, Proclaim

κηρύσσω	I preach; cf. 33O: I announce, I proclaim (61)
προκηρύσσω	I preach beforehand (1)
κήρυγμα, τος, τό	preaching, proclamation (9)
κῆρυξ, υκος, ὁ	preacher (3)

T. Witness, Testify

μαρτυρέω	I testify, I bear witness (76)
μαρτυρία, ας, ἡ	testimony, witness (37)
μαρτύριον, ου, τό	testimony, witness (19)
μάρτυς, ρος, ὁ	witness (35)
ἀμάρτυρος, ον	without witness (1)

ἐπιμαρτυρέω	I testify (1)
μαρτύρομαι	I testify (5)
διαμαρτύρομαι	I testify; cf. 33U': I warn (15)
συμμαρτυρέω	I testify with (3)
συνεπιμαρτυρέω	I add my testimony (1)
καταμαρτυρέω	I testify against (3)
προμαρτύρομαι	I testify in advance (1)
ψευδομαρτυρέω	I give false witness (5)
ψευδομαρτυρία, ας, ἡ	false testimony (2)
ψευδόμαρτυς, υρος, ὁ	false witness (2)

U. Profess Allegiance

ὁμολογέω	I acknowledge; cf. 33V: I confess (26)

V. Admit, Confess, Deny

ὁμολογέω	I confess; cf. 33U: I acknowledge (26)
ὁμολογία, ας, ἡ	confession (6)
ὁμολογυμένως	admittedly (1)
ἐξομολογέω	[mid.] I confess; cf. 33W: I consent (10)
ἀρνέομαι	I deny (33)
ἀπαρνέομαι	I deny (11)

W. Agree

ἐξομολογέω	I consent; cf. 33V: [mid.] I confess (10)

X. Foretell, Tell Fortunes

προλέγω	I tell beforehand; cf. 33U': I warn (15)
μαντεύομαι	I tell fortunes {mantic} (1)

Y. Promise

ἐπαγγέλλομαι	I promise; cf. 33P: I profess (15)
προεπαγγέλλομαι	I promise beforehand (2)
ἐπαγγελία, ας, ἡ	promise (52)
ἐπάγγελμα, τος, τό	promise (2)

B'. Urge, Persuade

πείθω	I persuade, I convince; cf. 31I: [perf.] I am confident; 36C: [pass.] I obey (52)
ἀναπείθω	I persuade (1)
πεισμονή, ῆς, ἡ	persuasion (1)
πειθός, ή, όν	persuasive (1)
εὐπειθής, ές	open to persuasion (1)

C'. Call

φωνέω	I call; cf. 33F: I cry out (43)
καλέω	I call; cf. 33D': I invite (148)
προσκαλέομαι	I call (29)
συγκαλέω	I call together (8)
μετακαλέομαι	I summon (4)
κλῆσις, εως, ἡ	call, calling (11)
κλητός, ή, όν	called; cf. 33D': invited (10)

D'. Invite

καλέω	I invite; cf. 33C': I call (148)
εἰσκαλέομαι	I invite in (1)
ἀντικαλέω	I invite back (1)
κλητός, ή, όν	invited; cf. 33C': called (10)

F'. Command, Order

κελεύω	I command, I order (25)
κέλευσμα, τος, τό	cry of command (1)
συντάσσω	I order (3)
προστάσσω	I command, I order (7)
ἐπιτάσσω	I command, I order (10)
διατάσσω	I command, I order (16)
ἐπιταγή, ῆς, ἡ	command, order (7)
διαταγή, ῆς, ἡ	ordinance (2)
διάταγμα, τος, τό	edict (1)
παραγγέλλω	I command, I order (32)
παραγγελία, ας, ἡ	command, order (5)
ἐντέλλομαι	I command (15)

ἐντολή, ῆς, ἡ   command, commandment (67)
ἔνταλμα, τος, τό   commandment (3)
ἐπιτιμάω   I order; cf. 33T': I rebuke (29)

G'. Law, Regulation, Ordinance

νόμος, ου, ὁ   law; cf. 33E: Law [Torah] (194)
ἔννομος, ον   legal, under law (2)
νομικός, ή, όν   about the law; cf. 56G: [subst.] lawyer (9)
νομοθετέω   I enact a law (2)
νομοθεσία, ας, ἡ   giving of the law (1)
νομοθέτης, ου, ὁ   lawgiver (1)
νομίμως   lawfully (2)
δικαίωμα, τος, τό   regulation; cf. 88B: righteous act (10)

H'. Recommend, Propose

συνίστημι, συνιστάνω   commend; cf. 28C: I demonstrate (16)
συστατικός, ή, όν   commendatory (1)

J'. Thanks

εὐχαριστέω   I thank, I give thanks; cf. 25I: I am thankful
                                      (38)
εὐχαριστία, ας, ἡ   thanksgiving, thanks (15)

K'. Praise

αἰνέω   I praise (8)
αἶνος, ου, ὁ   praise (2)
αἴνεσις, εως, ἡ   praise (1)
ἐπαινέω   I praise (6)
ἔπαινος, ου, ὁ   praise (11)
εὐλογέω   I praise; cf. 33C" I bless (41)
εὐλογία, ας, ἡ   praise; cf. 33C": blessing (16)
εὐλογητός, ή, όν   praised; cf. 33C": blessed (8)
δοξάζω   I praise; cf. 87B: I honor; 87C: I glorify (61)
ἀλληλουϊά   hallelujah (4)
ὡσαννά   hosanna (6)

M'. Boast

καυχάομαι	I boast (37)
καύχημα, τος, τό	boast, boasting; cf. 25S: pride (11)
καύχησις, εως, ἡ	boast, boasting; cf. 25S: pride (11)
ἐγκαυχάομαι	I boast (1)
κατακαυχάομαι	I boast against (4)

N'. Foolish Talk

κενοφωνία, ας, ἡ	foolish talk (2)
μωρολογία, ας, ἡ	foolish talk (1)

O'. Complain

γογγύζω	I complain, I grumble (8)
διαγογγύζω	I grumble (2)
γογγυσμός, οῦ, ὁ	complaint (4)
γογγυστής, οῦ, ὁ	grumbler (1)

P'. Insult, Slander

καταλαλέω	I slander (5)
καταλαλιά, ᾶς, ἡ	slander (2)
κατάλαλος, ου, ὁ	slanderer (1)
ὀνειδίζω	I insult; cf. 33T': I reproach (9)
ὀνειδισμός, οῦ, ὁ	insult, disgrace (5)
ὄνειδος, ους, τό	disgrace (1)
ὑβρίζω	I insult; cf. 88P: I mistreat (5)
ἐνυβρίζω	I insult (1)
ὕβρις, εως, ἡ	insult; cf. 88P: mistreatment (3)
ὑβριστής, οῦ, ὁ	insulter; cf. 88P: insolent person (2)
λοιδορέω	I insult, I slander (4)
ἀντιλοιδορέω	I insult in return (1)
λοιδορία, ας, ἡ	insult, slander (3)
λοίδορος, ου, ὁ	slanderer (2)
διάβολος, ου, ὁ	slanderer; cf. 12A: the devil (37)
βλασφημέω	I blaspheme, I slander (34)
βλασφημία, ας, ἡ	blasphemy, slander (18)
βλάσφημος, ον	blasphemous, [subst.] blasphemer (4)

δυσφημέω   I slander (1)
δυσφημία, ας, ἡ   slander (1)

R'. Mock, Ridicule
ἐμπαίζω   I mock (13)
ἐμπαιγμός, οῦ, ὁ   mocking (1)
ἐμπαιγμονή, ῆς, ἡ   mocking (1)
ἐμπαίκτης, ου, ὁ   mocker (3)
οὐά   aha (1)

T'. Rebuke
ἐλέγχω   I rebuke, I reprove (17)
ἔλεγξις, εως, ἡ   rebuke (1)
ἐλεγμός, οῦ, ὁ   reproof (1)
ἀπελεγμός, οῦ, ὁ   reproach (1)
ἐπιτιμάω   I rebuke; cf. 33F': I order (29)
ὀνειδίζω   I reproach; cf. 33P': I insult (9)

U'. Warn
προλέγω   I warn; cf. 33X: I tell beforehand (13)
νουθετέω   I warn; cf. 33Q: I instruct (8)
νουθεσία, ας, ἡ   warning; cf. 33Q: instruction (3)
διαμαρτύρομαι   I warn; cf. 33T: I testify (15)

V'. Accuse, Blame
κατηγορέω   I accuse, I bring a charge (23)
κατηγορία, ας, ἡ   accusation, charge (3)
κατήγωρ, ορος, ὁ   accuser (1)
κατήγορος, ου, ὁ   accuser (4)
ἐγκαλέω   I accuse (7)
ἔγκλημα, τος, τό   accusation (2)
ἀνέγκλητος, ον   without accusation, blameless (5)

W'. Defend, Excuse
ἀπολογέομαι   I defend myself (10)
ἀπολογία, ας, ἡ   defense (8)

ἀναπολόγητος, ον   without excuse (2)

X'. Dispute, Debate

συζητέω   I dispute; cf. 33K: I discuss (10)
συζήτησις, εως, ἡ   dispute [Acts 28:29] (1)
συζητητής, οῦ, ὁ   debater (1)
ζήτημα, τος, τό   dispute (5)
ζήτησις, εως, ἡ   dispute (7)
ἐκζήτησις, εως, ἡ   meaningless speculation (1)
διακρίνω   [mid.] I contend; cf. 30G: I judge; 31F:
                                [mid.] I doubt (19)
διάκρισις, εως, ἡ   contention; cf. 30G: discernment (3)

Y'. Argue, Quarrel

διαλέγομαι   I argue, I dispute (13)
διαλογισμός, οῦ, ὁ   argument; cf. 30A: thought (14)
ἐρίζω   I quarrel (1)
ἔρις, ιδος, ἡ   quarrel, strife (9)

Z'. Oppose, Contradict

ἀντιλέγω   I speak against (9)
ἀντιλογία, ας, ἡ   dispute (4)

A". Prophesy

προφητεύω   I prophesy (28)
προφητεία, ας, ἡ   prophecy (19)
προφητικός, ή, όν   prophetic (2)

B". Swear, Put Under Oath

ὀμνύω, ὄμνυμι   I swear, I make an oath (26)
ὅρκος, ου, ὁ   oath (10)
ὁρκωμοσία, ας, ἡ   oath (4)
ὁρκίζω   I ask to swear (2)
ἐνορκίζω   I charge to swear (1)
ἐξορκίζω   I charge to swear (1)
ἐπιορκέω   I break an oath (1)

ἐπίορκος, ου, ὁ   perjurer (1)

C". Bless, Curse

εὐλογέω   I bless; cf. 33K': I praise (41)
εὐλογία, ας, ἡ   blessing; cf. 33K': praise (16)
εὐλογητός, ή, όν   blessed; cf. 33K': praised (8)
ἐνευλογέω   I bless (2)
κατευλογέω   I bless (1)
καταράομαι   I curse (5)
κατάρα, ας, ἡ   curse (6)
ἀρά, ᾶς, ἡ   curse (1)
ἐπάρατος, ον   accursed (1)
ἐπικατάρατος, ον   cursed (2)
ἀνάθεμα, τος, τό   cursed, accursed (6)
ἀναθεματίζω   I curse (4)
κατάθεμα, τος, τό   accursed (1)
καταθεματίζω   I curse (1)

D". Non-Verbal Communication

σημεῖον, ου, τό   sign, miraculous sign (77)
σύσσημον, ου, τό   sign (1)
τέρας, ατος, τό   wonder (16)
ὅραμα, τος, τό   vision (12)
ὅρασις, εως, ἡ   vision (4)
ὀπτασία, ας, ἡ   vision (4)
ἔκστασις, εως, ἡ   ecstatic trance (7)

34. Association

A. Associate

κοινωνέω   I participate; cf. 57H: I share (8)
συγκοινωνέω   I participate with; cf. 57H: I share with (3)
κοινωνία, ας, ἡ   fellowship; cf. 57H: sharing (19)
κοινωνός, οῦ, ὁ   partner; cf. 57A: sharer (10)
συγκοινωνός, οῦ, ὁ   partner; cf. 57A: sharer (4)
φίλος, ου, ὁ   friend [male] (28)

φίλη, ης, ἡ   friend [female] (1)

B. Join, Begin To Associate

κολλάομαι   I join; cf. 18B: I cling to (12)
προσκολλάομαι   I am joined (2)
ἀφίσταμαι   I fall, I turn away; cf. 15D: I leave (14)

D. Limit or Avoid Association

παραιτέομαι   I avoid; cf. 33L: I ask for (12)

E. Establish or Confirm a Relation

διαθήκη, ης, ἡ   covenant; cf. 57H: will (33)
διατίθεμαι   I make a covenant; cf. 57H: I make a will (7)

F. Visit

ἐπισκέπτομαι   I visit; cf. 35D: I care for (11)
ἐπισκοπή, ῆς, ἡ   visitation; cf. 53I: office of overseer (4)

G. Welcome, Receive

προσλαμβάνομαι   I welcome, I receive; cf. 15W: I take aside (12)
παραλαμβάνω   I welcome, I receive; cf. 15W: I take along (49)
δέχομαι   I welcome; cf. 31G: I accept; 57I: I receive (56)
ἀναδέχομαι   I welcome, I receive (2)
ἀποδέχομαι   I welcome; cf. 31G: I accept (7)
ἐπιδέχομαι   I welcome, I receive (2)
εἰσδέχομαι   I welcome, I receive (1)
ὑποδέχομαι   I welcome, I receive (4)
προσδέχομαι   I welcome; cf. 31G: I accept; 85C: I wait for (14)
παραδέχομαι   I welcome; cf. 31G: I accept (6)

H. Show Hospitality

ξενίζω   I entertain, [pass.] I stay (10)
ξενοδοχέω   I show hospitality (1)
φιλοξενία, ας, ἡ   hospitality (2)
ξενία, ας, ἡ   lodging, guest room (2)
φιλόξενος, ον   hospitable (3)

I. Kiss, Embrace
φιλέω   I kiss; cf. 25C: I love; 25I: I like to (25)
καταφιλέω   I kiss (6)
φίλημα, τος, τό   kiss (7)

J. Marriage, Divorce
γαμέω   I marry (28)
γαμίζω   I marry, I give in marriage (7)
γαμίσκω   I give in marriage (1)
γάμος, ου, ὁ   wedding, marriage (16)
ἐπιγαμβρεύω   I marry [the childless widow of my brother]
                               (1)
ἄγαμος, ου, ἡ, ὁ   unmarried woman or man (4)
ἀπολύω   I divorce; cf. 15D: I dismiss; 37J: I release
                               (66)
λύσις, εως, ἡ   divorce (1)

35. Help, Care For

A. Help
βοηθέω   I help (8)
βοήθεια, ας, ἡ   help (2)
βοηθός, οῦ, ὁ   helper (1)
ὠφελέω   I help; cf. 65E: I benefit (15)

B. Serve
ὑπηρέτης, ου, ὁ   servant (20)
ὑπηρετέω   I serve (3)
διακονέω   I serve; cf. 53I: I serve as a deacon (37)
διάκονος, ου, ὁ, ἡ   servant; cf. 53I: deacon (29)
διακονία, ας, ἡ   ministry, service (34)
λειτουργέω   I serve; cf. 53A: I worship (3)
λειτουργία, ας, ἡ   service, ministry; cf. 53A: worship {liturgy}
                               (6)
λειτουργός, οῦ, ὁ   servant, minister (5)
λειτουργικός, ή, όν   ministering (1)

| δουλεύω | I serve; cf. 87E: I am a slave to (25) |
| ὀφθαλμοδουλία, ας, ἡ | eyeservice (2) |

D. Care For, Take Care of

ἐπισκέπτομαι	I care for; cf. 34F: I visit (11)
μέλει	[only impers.] it is a care; it is a concern (10)
ἐπιμελέομαι	I take care of (3)
ἐπιμέλεια, ας, ἡ	care (1)
ἐπιμελῶς	carefully (1)
ἀμελέω	I neglect (4)

E. Entrust to the Care of

παρατίθημι	[mid.] I entrust to, I commit to; cf. 85B: I place before (19)
παραθήκη, ης, ἡ	what is entrusted (3)
πιστεύω	I entrust to; cf. 31F: I believe; 31I: I trust (241)

F. Rear, Bring Up

τρέφω	I bring up, I care for (9)
ἐκτρέφω	I bring up (2)
ἀνατρέφω	I bring up (3)
ἐντρέφω	I bring up (1)
τεκνοτροφέω	I bring up children (1)
τροφός, οῦ, ἡ	nurse (1)

H. Desert, Forsake

| ἐγκαταλείπω | I forsake, I abandon (10) |
| σαβαχθανι | [Aram.] you have forsaken me (2) |

36. Guide, Discipline, Follow

A. Guide, Lead

| ἄγω | I lead; cf. 15X: I bring (67) |

B. Discipline, Train

| παιδεύω | I discipline; cf. 33Q: I teach; 38A: I punish (13) |

παιδεία, ας, ἡ	discipline; cf. 33Q: instruction (6)
παιδαγωγός, οῦ, ὁ	disciplinarian (3)
γυμνασία, ας, ἡ	physical training {gymnasium} (1)
γυμνάζω	I train (4)

C. Obey, Disobey

πείθω	[pass.] I obey; cf. 31I: [perf.] I am confident; 33B': I persuade, I convince (52)
πειθαρχέω	I obey (4)
ἀπειθέω	I disobey; cf. 31J: I do not believe (14)
ἀπείθεια, ας, ἡ	disobedience (7)
ἀπειθής, ές	disobedient (6)
ὑπακούω	I obey (21)
ὑπακοή, ῆς, ἡ	obedience (15)
ὑπήκοος, ον	obedient (3)
παρακούω	I refuse to listen (3)
παρακοή, ῆς, ἡ	disobedience (3)
ὑποτάσσω	[pass.] I obey, I submit to; cf. 37A: I subject (38)
ὑποταγή, ῆς, ἡ	obedience, submission (4)
ἀνυπότακτος, ον	disobedient, cf. 37A: rebellious (4)
φυλάσσω	I obey, I keep; cf. 37I: I guard, I watch (31)
τηρέω	I obey, I keep; cf. 37I: I guard, I keep watch (70)
διατηρέω	I keep (2)
τήρησις, εως, ἡ	obedience; cf. 37I: custody (3)
παραβαίνω	I disobey, I break (3)
παράβασις, εως, ἡ	disobedience, transgression (7)
παραβάτης, ου, ὁ	lawbreaker, transgressor (5)

D. Follow, Be a Disciple

μαθητής, οῦ, ὁ	disciple (261)
μαθητεύω	I make a disciple (4)
μαθήτρια, ας, ἡ	woman disciple (1)
συμμαθητής, οῦ, ὁ	fellow disciple (1)
ὀπίσω	after; cf. 83F: behind (35)

37. Control, Rule

A. Control, Restrain

κατέχω	I restrain; cf. 31F: I hold firmly to; 57A: I possess (17)
ὑπερέχω	I control (5)
ὑποτάσσω	I subject; cf. 36C: [pass.] I obey, I submit to (38)
ἀνυπότακτος, ον	rebellious; cf. 36C: disobedient (4)

B. Compel, Force

ἀναγκάζω	I compel (9)
ἀνάγκη, ης, ἡ	compulsion; cf. 22A: distress; 71E: necessity (17)
ἀναγκαστῶς	under compulsion (1)

C. Exercise Authority

ἐξουσία, ας, ἡ	authority, right; cf. 76: power (102)
ἐξουσιάζω	I exercise authority over (4)
κατεξουσιάζω	I exercise authority over (2)

D. Rule, Govern

κύριος, ου, ὁ	master; cf. 12A: Lord; 57A: owner; 87C: sir (717)
κυριεύω	I rule, I lord over (7)
κατακυριεύω	I lord over (4)
κυριότης, ητος, ἡ	dominion (4)
ἄρχω	I rule; cf. 68A: [mid.] I begin (86)
ἀρχή, ῆς, ἡ	ruler; cf. 68A: beginning (55)
ἄρχων, οντος, ὁ	ruler, leader (37)
ποιμαίνω	I rule; cf. 44: I shepherd, I tend (11)
ἡγέομαι	I rule; cf. 31A: I consider, I regard (28)
ἡγεμονία, ας, ἡ	reign (1)
ἡγεμών, όνος, ὁ	governor (20)
ἡγεμονεύω	I am governor (2)
δυνάστης, ου, ὁ	ruler {dynasty} (3)

δεσπότης, ου, ὁ   master, Master, Lord (10)
βασιλεύω   I reign (21)
συμβασιλεύω   I reign with (2)
βασιλεία, ας, ἡ   kingdom (162)
βασιλεύς, έως, ὁ   king (115)
βασίλισσα, ης, ἡ   queen (4)
βασιλικός, ή, όν   royal (5)
βασίλειος, ον   royal; [subst.] palace (2)
κοσμοκράτωρ, ορος, ὁ   world ruler (1)
τετραάρχης, ου, ὁ   tetrarch (4)
τετρααρχέω   I am a tetrarch (3)
ἐθνάρχης, ου, ὁ   ethnarch (1)
Ἀσιάρχης, ου, ὁ   Asiarch (1)
στρατηγός, οῦ, ὁ   magistrate; cf. 55D: captain (10)

E. Assign to a Role or Function
τίθημι   I appoint; cf. 85B: I put, I place (100)
ἀφορίζω   I set apart; cf. 63G: I separate (10)
ὁρίζω   I appoint; cf. 30E: I determine (8)
μερίζω   I assign; cf. 57H: I give; 63F: I divide (14)
καθίστημι   I appoint, I put in charge of (21)
χρίω   I anoint (5)
ἐγχρίω   I anoint (1)
ἐπιχρίω   I spread on (2)
χρῖσμα, τος, τό   anointing (3)

F. Seize, Take into Custody
καταλαμβάνω   I seize; cf. 13D: I overtake; 57G: I obtain (15)
συλλαμβάνω   I take, I arrest; cf. 23C: I become pregnant (16)
ἐπιλαμβάνομαι   I seize; cf. 18A: I take hold of (19)
κρατέω   I arrest; cf. 18A: I hold onto, I take hold of (47)
πιάζω   I seize, I arrest (12)

G. Hand Over, Betray
παραδίδωμι   I hand over, I betray; cf. 57H: I give over (119)

ἔκδοτος, ον · handed over (1)
προδότης, ου, ὁ · betrayer (3)

H. Imprison

ἅλυσις, εως, ἡ · imprisonment; cf. 6D: chain (11)
δεσμός, οῦ, ὁ · imprisonment; cf. 6D: chain (18)
δέσμιος, ου, ὁ · prisoner (16)
δεσμώτης, ου, ὁ · prisoner (2)
δεσμωτήριον, ου, τό · prison, jail (4)
συνδέομαι · I am in prison with (1)

I. Guard, Watch Over

φυλάσσω · I guard, I watch; cf. 36C: I obey, I keep (31)
φυλακίζω · I imprison (1)
φύλαξ, ακος, ὁ · guard (3)
διαφυλάσσω · I guard (1)
δεσμοφύλαξ, ακος, ὁ · jailer (3)
συνέχω · I hold [in custody]; cf. 90M: [pass.] I suffer with (12)
τηρέω · I guard, I keep watch; cf. 36C: I obey, I keep (70)
τήρησις, εως, ἡ · custody; cf. 36C: obedience (3)
παρατηρέω · I watch closely (6)
παρατήρησις, εως, ἡ · close observation (1)

J. Release, Set Free

λύω · I set free; cf. 18B: I loose; 20C: I destroy (42)
ἀπολύω · I release; cf. 15D: I dismiss; 34J: I divorce (66)
λυτρόομαι · I redeem (3)
λύτρωσις, εως, ἡ · redemption (3)
ἀπολύτρωσις, εως, ἡ · redemption (10)
λυτρωτής, οῦ, ὁ · deliverer (1)
λύτρον, ου, τό · ransom (2)
ἀντίλυτρον, ου, τό · ransom (1)
ἀγοράζω · I redeem; cf. 57O: I buy (30)

ἐξαγοράζω   I redeem (4)
ἄφεσις, εως, ἡ   release; cf. 40B: forgiveness (17)
ἐλευθερία, ας, ἡ   freedom, liberty (11)
ἐλεύθερος, α, ον   free; cf. 87E: [subst.] freed person (23)
ἐλευθερόω   I set free (7)

38. Punish, Reward

A. Punish

παιδεύω   I punish; cf. 33Q: I teach; cf. 36B: I
                                   discipline (13)
ἐκδικέω   I punish; cf. 39F: I avenge; 56F: I give
                                   justice (6)
ἐκδίκησις, εως, ἡ   punishment; cf. 39F: vengeance; 56F:
                                   justice (9)
δίκη, ης, ἡ   punishment; cf. 56F: Justice [the goddess]
                                   (3)
ἔκδικος, ου, ὁ   punisher (2)

B. Reward, Recompense

μισθός, οῦ, ὁ   reward; cf. 57M: wages (29)
ἀντιμισθία, ας, ἡ   recompense (2)
μισθαποδοσία, ας, ἡ   reward (3)
μισθαποδότης, ου, ὁ   rewarder (1)
ἀποδίδωμι   I repay; cf. 57H: I give; 57L: I pay (48)
ἀνταποδίδωμι   I repay (7)
ἀνταπόδοσις, εως, ἡ   reward (1)
ἀνταπόδομα, τος, ὁ   recompense (2)

39. Hostility, Strife

A. Opposition, Hostility

ἀνθίστημι   I oppose; cf. 39C: I resist (14)
ἐχθρός, οῦ, ὁ   enemy (32)
ἔχθρα, ας, ἡ   enmity, hostility (6)

B. Division

αἵρεσις, εως, ἡ	division; cf. 33Q: heresy, false teaching (9)
αἱρετικός, ή, όν	divisive (1)

C. Resistance

ἀνθίστημι	I resist; cf. 39A: I oppose (14)
ἀντικαθίστημι	I resist (1)

E. Strife, Struggle

μάχομαι	I quarrel, I fight (4)
μάχη, ης, ἡ	quarrel, fight (4)
ἄμαχος, ον	not quarrelsome (2)
διαμάχομαι	I contend strongly (1)
θηριομαχέω	I fight wild beasts (1)
θυμομαχέω	I quarrel angrily (1)
λογομαχέω	I quarrel about words (1)
λογομαχία, ας, ἡ	quarrel about words (1)
θεομάχος, ον	fighting against God (1)
πόλεμος, ου, ὁ	fight; cf. 55B: war, battle (18)
πολεμέω	I fight; cf. 55B: I make war (7)
ἀγωνίζομαι	I struggle, I fight (8)
ἀγών, ῶνος, ὁ	struggle, fight (6)
ἐπαγωνίζομαι	I struggle for (1)
ἀνταγωνίζομαι	I struggle against (1)

F. Revenge

ἐκδικέω	I avenge; cf. 38A: I punish; 56F: I give justice (6)
ἐκδίκησις, εως, ἡ	vengeance; cf. 38A: punishment; 56F: justice (9)
ἔκδικος, ου, ὁ	avenger (2)

G. Rebellion

στάσις, εως, ἡ	rebellion, riot (9)
ἐπίστασις, εως, ἡ	organizing a rebellion (2)
ἀποστασία, ας, ἡ	apostasy, rebellion (2)

ἀκαταστασία, ας, ἡ	rebellion, riot (5)
στασιαστής, οῦ, ὁ	rebel (1)

H. Riot

ταράσσω	I stir up, I trouble (17)
τάραχος, ου, ὁ	disturbance (2)
ἐκταράσσω	I disturb (1)

I. Persecution

διώκω	I persecute; cf. 15U: I pursue (45)
ἐκδιώκω	I persecute (1)
διωγμός, οῦ, ὁ	persecution (10)
διώκτης, ου, ὁ	persecutor (1)

L. Conquer

νικάω	I conquer, I overcome (28)
νίκη, ης, ἡ	victory (1)
νῖκος, ους, τό	victory (4)
ὑπερνικάω	I conquer completely (1)

40. Reconciliation, Forgiveness

A. Reconciliation

καταλλάσσω	I reconcile (6)
καταλλαγή, ῆς, ἡ	reconciliation (4)
ἀποκαταλλάσσω	I reconcile (3)
συναλλάσσω	I reconcile (1)
διαλλάσσομαι	I am reconciled (1)

B. Forgiveness

ἀφίημι	I forgive; cf. 13D: I allow; 15D: I leave (143)
ἄφεσις, εως, ἡ	forgiveness; cf. 37J: release (17)
χαρίζομαι	I forgive; cf. 57H: I give freely (23)

41. Behavior and Related States

A. Behavior, Conduct

ἀναστρέφω	[pass.] I behave; cf. 15G: I return (9)
ἀναστροφή, ῆς, ἡ	way of life, conduct (13)
χράομαι	I behave; cf. 42B: I use (11)
τρόπος, ου, ὁ	life; cf. 89N: way, manner (13)
περιπατέω	I live; cf. 15C': I walk (95)
ὁδός, οῦ, ἡ	way; cf. 1P: road; 15B: journey (101)
βίος, ου, ὁ	life; cf. 57A: property (10)
βιόω	I live (1)
βίωσις, εως, ἡ	life (1)
βιωτικός, ή, όν	of this life (3)

B. Custom, Tradition

ἔθος, ους, τό	custom (12)
ἦθος, ους, τό	habit (1)
συνήθεια, ας, ἡ	custom (3)
ἐθίζω	I carry out a custom (1)

C. Particular Patterns of Behavior

βάρβαρος, ου, ὁ	barbarian; cf. 11D: foreigner (6)
Ἰουδαΐζω	I live as a Jew (1)
Ἰουδαϊσμός, οῦ, ὁ	Judaism (2)
σαρκικός, ή, όν	worldly; cf. 26: human; 79A: material (7)
σάρκινος, η, ον	worldly; cf. 26: human (4)

D. Imitate Behavior

μιμέομαι	I imitate (4)
μιμητής, οῦ, ὁ	imitator (6)
συμμιμητής, οῦ, ὁ	fellow imitator (1)

E. Change Behavior

μετανοέω	I repent (34)
μετάνοια, ας, ἡ	repentance (22)
ἀμετανόητος, ον	unrepentant (1)

42. Perform, Do

A. Function

ἐνεργέω	I work, I am at work (21)
ἐνέργεια, ας, ἡ	working (8)
ἐνέργημα, τος, τό	working (2)

B. Do, Perform

ποιέω	I do; cf. 42C: I make (568)
ποίησις, εως, ἡ	doing (1)
ποιητής, οῦ, ὁ	doer; cf. 33D: poet (6)
εὐποιΐα, ας, ἡ	doing of good (1)
πράσσω	I do, I practice (39)
πρᾶξις, εως, ἡ	deed, practice (6)
ἔργον, ου, τό	deed; cf. 42D: work (169)
ἐργάζομαι	I do; cf. 42D: I work (41)
κατεργάζομαι	I do, I produce (22)
χράομαι	I use; cf. 41A: I behave (11)
καταχράομαι	I use fully (2)
ἀπόχρησις, εως, ἡ	being used up (1)

C. Make, Create

ποιέω	I make; cf. 42B: I do (568)
ποίημα, τος, τό	what is made (2)
χειροποίητος, ον	made by human hands (6)
ἀχειροποίητος, ον	not made by human hands (3)
κτίζω	I create, I make (15)
κτίσις, εως, ἡ	creation (19)
κτίσμα, τος, τό	creature (4)
κτίστης, ου, ὁ	Creator (1)
καταβολή, ῆς, ἡ	creation, foundation (11)

D. Work, Toil

ἐργάζομαι	I work; cf. 42B: I do (41)
ἔργον, ου, τό	work; cf. 42B: deed (169)
ἐργάτης, ου, ὁ	laborer, worker (16)

συνεργός, οῦ, ὁ	fellow worker, co-worker (13)
συνεργέω	I work with (5)
ἀργέω	I am idle (1)
ἀργός, ή, όν	idle (8)
κοπιάω	I work hard, I labor (23)
κόπος, ου, ὁ	hard work, labor; cf. 22A: trouble (18)

E. Craft, Trade

τέχνη, ης, ἡ	trade, craft (3)
ὁμότεχνος, ον	of the same trade (1)
τεχνίτης, ου, ὁ	craftsman, artisan (4)
τέκτων, ονος, ὁ	carpenter (2)
ἀρχιτέκτων, ονος, ὁ	master builder (1)

43. Agriculture

γεωργός, οῦ, ὁ	farmer, tenant [farmer] (19)
γεωργέω	I cultivate (1)
γεώργιον, ου, τό	field (1)
φυτεύω	I plant (11)
φυτεία, ας, ἡ	plant (1)
σπείρω	I sow (52)
ἐπισπείρω	I sow among (1)
ποτίζω	I water; cf. 23A: I give to drink (15)
καρπός, οῦ, ὁ	harvest, crop; cf. 3D: fruit (66)
θερίζω	I reap, I harvest (21)
θερισμός, οῦ, ὁ	harvest (13)
θεριστής, οῦ, ὁ	harvester, reaper (2)

44. Animal Husbandry, Fishing

ποιμαίνω	I shepherd, I tend; cf. 37D: I rule (11)
ποιμήν, ένος, ὁ	shepherd; cf. 53I: pastor (18)
ἀρχιποίμην, ενος, ὁ	chief shepherd (1)
ποίμνη, ης, ἡ	flock (5)
ποίμνιον, ου, τό	flock (5)

45. Building, Constructing

οἰκοδομέω	I build, I construct (40)
ἀνοικοδομέω	I rebuild (2)
ἐποικοδομέω	I build upon (7)
συνοικοδομοῦμαι	I am built together (1)
οἰκοδόμος, ου, ὁ	builder (1)
κατασκευάζω	I build; cf. 77: I prepare (11)

46. Household Activities

οἰκονόμος, ου, ὁ	steward, manager (10)
οἰκονομέω	I am a manager (1)
οἰκονομία, ας, ἡ	management, administration (9)
οἰκοδεσποτέω	I manage a home (1)
οἰκέτης, ου, ὁ	household servant/slave (4)
οἰκετεία, ας, ἡ	household of servants/slaves (1)
οἰκουργός, όν	household manager (1)

47. Activities Involving Liquids or Masses

A. Movements of Liquids or Masses

ἐκχέω	I pour out, I shed [blood] (27)
καταχέω	I pour on (2)
ἐπιχέω	I pour on (1)

B. Use of Liquids

νίπτω	I wash (17)
ἀπονίπτω	I wash off (1)
ἄνιπτος, ον	unwashed (2)
νιπτήρ, ῆρος, ὁ	washbasin (1)
βάπτω	I dip (4)
ἐμβάπτω	I dip in (2)
βαπτισμός, οῦ, ὁ	washing (4)

C. Application and Removal of Liquids or Masses

ἀλείφω	I anoint (9)
ἐξαλείφω	I wipe away (5)

49. Activities Involving Clothing and Adorning

ἐνδύω	I dress, I clothe, [mid.] I put on (27)
ἔνδυμα, τος, τό	clothing (8)
ἔνδυσις, εως, ἡ	wearing (1)
ἐνδιδύσκω	I dress, I clothe (2)
ἐπενδύομαι	I am fully clothed (2)
ἐπενδύτης, ου, ὁ	outer garment (1)
ἐκδύω	I strip; [mid.] I am unclothed (6)
ἀπεκδύομαι	I strip off (2)
ἀπέκδυσις, εως, ἡ	stripping off (1)
περιβάλλω	I clothe, I dress, I put on (23)
ἀποβάλλω	I throw off (2)
ζώννυμι, ζωννύω	I dress (3)
ζώνη, ης, ἡ	belt (8)
διαζώννυμι	I tie around (3)
περιζώννυμι	[mid.] I dress myself (6)
ὑποζώννυμι	I undergird (1)
ἀναζώννυμι	I gird up (1)
γυμνός, ή, όν	naked (15)
γυμνότης, ητος, ἡ	nakedness (3)
γυμνιτεύω	I am poorly clothed (1)

50. Contests and Play

ἀθλέω	I compete {athlete} (2)
συναθλέω	I struggle with (2)
ἄθλησις, εως, ἡ	struggle, contest (1)

51. Festivals

ἑορτή, ῆς, ἡ	festival, feast (25)
ἑορτάζω	I celebrate a festival (1)
πάσχα, τό	Passover [Feast], Passover meal; cf. 4A: Passover lamb (29)
πεντηκοστή, ῆς, ἡ	Pentecost (3)

52. Funerals and Burial

θάπτω	I bury (11)

συνθάπτω	I bury with (2)
ἐνταφιάζω	I prepare for burial (2)
ἐνταφιασμός, οῦ, ὁ	preparation for burial (2)
ταφή, ῆς, ἡ	burial place (1)
τάφος, ου, ὁ	grave, tomb (7)

53. Religious Activities

A. Religious Practice

εὐσέβεια, ας, ἡ	godliness, piety (15)
εὐσεβής, ές	devout (3)
εὐσεβῶς	godly (2)
θεοσέβεια, ας, ἡ	reverence for God (1)
θεοσεβής, ές	devout (1)
ἀσεβέω	I live in an ungodly way (1)
ἀσέβεια, ας, ἡ	godlessness, ungodliness (6)
ἀσεβής, ές	godless, ungodly (9)
λειτουργέω	I worship; cf. 35B: I serve (3)
λειτουργία, ας, ἡ	worship; cf. 35B: service, ministry {liturgy} (6)
λατρεύω	I worship, I serve (21)
λατρεία, ας, ἡ	worship (5)

B. Offering, Sacrifice

ἀναφέρω	I offer; cf. 15W: I lead up (10)
προσφέρω	I offer; cf. 15W: I bring to; 57H: I present to (47)
προσφορά, ᾶς, ἡ	offering, sacrifice (9)
θύω	I sacrifice; cf. 20D: I kill (14)
θυσία, ας, ἡ	sacrifice, offering (28)
θυσιαστήριον, ου, τό	altar (23)
ἱερόθυτος, ον	offered in sacrifice (1)
θυμιάω	I offer incense (1)
θυμίαμα, τος, τό	incense offering (6)
θυμιατήριον, ου, τό	incense altar (1)
κορβᾶν	corban [Heb. "a gift to God"] (1)

C. Purify, Cleanse

καθαρίζω	I cleanse, I purify; cf. 79J: I clean (31)
καθαρότης, ητος, ἡ	purification (1)
καθαρισμός, οῦ, ὁ	purification (7)
καθαρός, ά, όν	clean, pure (27)

D. Defile, Unclean, Common

κοινόω	I defile, I make unclean (14)
κοινός, ή, όν	defiled; cf. 57A: common (14)
ἀκάθαρτος, ον	unclean; cf. 12A: [subst.] unclean/evil spirit (32)

E. Baptize

βαπτίζω	I baptize (77)
βάπτισμα, τος, τό	baptism (19)
βαπτιστής, οῦ, ὁ	Baptist [John] (12)

F. Dedicate, Consecrate

ἁγιάζω	I consecrate; cf. 88C: I make holy, I sanctify (28)
περιτέμνω	I circumcise (17)
περιτομή, ῆς, ἡ	circumcision (36)
ἀπερίτμητος, ον	uncircumcised (1)

G. Worship, Reverence

σέβομαι	I worship (10)
σεβάζομαι	I worship (1)
εὐσεβέω	I worship (2)
σέβασμα, τος, τό	temple (2)
σεβαστός, ή, όν	imperial, [subst.] the Emperor (3)
προσκυνέω	I worship (60)
προσκυνητής, οῦ, ὁ	worshiper (1)
εἰδωλολατρία, ας, ἡ	idolatry (4)
εἰδωλολάτρης, ου, ὁ	idolater (7)
εἰδωλόθυτον, ου, τό	food sacrificed to idols (9)
εἰδωλεῖον, ου, τό	idol's temple (1)

H. Fasting

νηστεύω	I fast (20)
νηστεία, ας, ἡ	hunger, fasting, the Fast [of the Day of Atonement] (5)
νῆστις, ιδος, ὁ, ἡ	hungry (2)

I. Roles and Functions

διακονέω	I serve as a deacon; cf. 35B: I serve (37)
διάκονος, ου, ὁ, ἡ	deacon; cf. 35B: servant (29)
ἐπισκοπή, ῆς, ἡ	office of overseer; cf. 34F: visitation (4)
ἐπίσκοπος, ου, ὁ	overseer, bishop (5)
ἐπισκοπέω	I serve as an overseer (2)
ποιμήν, ένος, ὁ	pastor; cf. 44: shepherd (18)
ἀποστολή, ῆς, ἡ	apostleship (4)
ἀπόστολος, ου, ὁ	apostle; cf. 33O: messenger (80)
ψευδαπόστολος, ου, ὁ	false apostle (1)
εὐαγγελιστής, οῦ, ὁ	evangelist (3)
πρεσβύτερος, ου, ὁ	elder; cf. 9B: old man (66)
συμπρεσβύτερος, ου, ὁ	fellow elder (1)
πρεσβυτέριον, ου, τό	council of elders (3)
πρεσβεύω	I am a representative or ambassador (2)
πρεσβεία, ας, ἡ	delegation (2)
προφήτης, ου, ὁ	prophet (144)
προφῆτις, ιδος, ἡ	prophetess (2)
ψευδοπροφήτης, ου, ὁ	false prophet (11)
Χριστός, οῦ, ὁ	Christ (529)
ἀντίχριστος, ου, ὁ	antichrist (4)
ψευδόχριστος, ου, ὁ	false Christ, false Messiah (2)
Μεσσίας, ου, ὁ	Messiah (2)
ἱερεύς, έως, ὁ	priest (31)
ἱερουργέω	I serve as a priest (1)
ἱερατεύω	I serve as a priest (1)
ἱερατεία, ας, ἡ	priesthood (2)
ἱεράτευμα, τος, τό	priesthood (2)
ἱερωσύνη, ης, ἡ	priesthood (3)
ἱερός, ά, όν	holy (3)

ἀρχιερεύς, έως, ὁ   high priest, chief priest (122)
ἀρχιερατικός, όν   high-priestly (1)
Λευίτης, ου, ὁ   Levite (3)
Λευιτικός, ή, όν   Levitical (1)
ἀρχισυνάγωγος, ου, ὁ   synagogue leader (9)
γραμματεύς, έως, ὁ   scribe, teacher of the law (63)
ἀγράμματος, ον   uneducated (1)

J. Magic

μαγεία, ας, ἡ   magic (1)
μαγεύω   I practice magic (1)
μάγος, ου, ὁ   magician; cf. 32D: wise man {magi} (6)
φαρμακεία, ας, ἡ   sorcery {pharmacy} (2)
φάρμακον, ου, τό   sorcery (1)
φάρμακος, ου, ὁ   sorcerer (2)

K. Exorcism

ἐκβάλλω   I cast out; cf. 15D: I send out, I take out (81)
ἐξορκιστής, οῦ, ὁ   exorcist (1)

54. Maritime Activities

πλέω   I sail (6)
πλοῦς, πλοός, ὁ   sailing voyage (3)
βραδυπλοέω   I sail slowly (1)
ἐκπλέω   I sail from (3)
ἀποπλέω   I sail away (4)
παραπλέω   I sail past (1)
ὑποπλέω   I sail under the lee of (2)
διαπλέω   I sail across (1)
καταπλέω   I sail to (1)
ἀνάγω   [mid.-pass.] I set sail; cf. 15V: I lead up, I
                         bring up (23)
ἐπανάγω   I put out to sea (3)
ναῦς, ἡ   ship {nautical} (1)
ναυαγέω   I am shipwrecked (2)
ναύκληρος, ου, ὁ   ship owner (1)

ναύτης, ου, ὁ   sailor (3)

55. Military Activities

B. To Fight

πόλεμος, ου, ὁ   war, battle; cf. 39E: fight (18)
πολεμέω   I make war; cf. 39E: I fight (7)
στρατεύομαι   I wage war; cf. 55D: I serve as a soldier (7)
ἀντιστρατεύομαι   I war against (1)
στρατεία, ας, ἡ   fight, warfare (2)

C. Army

λεγιών, ῶνος, ἡ   legion (4)
τετράδιον, ου, τό   squad of four soldiers (1)
πραιτώριον, ου, τό   palace [Praetorian] guard, cf. 7B: palace
                                       [Praetorium] (8)

D. Soldiers, Officers

χιλίαρχος, ου, ὁ   tribune, officer [normally in charge of 1000
                                       soldiers] (21)
ἑκατόνταρχος, ου, ὁ   centurion, officer [normally in charge of
  [or] ἑκατοντάρχης, ου, ὁ   100 soldiers] (20)
κεντυρίων, ωνος, ὁ   centurion (3)
στρατιώτης, ου, ὁ   soldier (26)
συστρατιώτης, ου, ὁ   fellow soldier (2)
στρατηγός, οῦ, ὁ   captain; cf. 37D: magistrate (10)
στρατεύομαι   I serve as a soldier; cf. 55B: I wage war (7)
στρατολογέω   I enlist soldiers (1)
στράτευμα, τος, τό   army, troops (8)
στρατόπεδον, ου, τό   army (1)

E. Prisoners of War

ἅλωσις, εως, ἡ   capture (1)
αἰχμαλωσία, ας, ἡ   captivity (3)
αἰχμαλωτίζω   I take captive (4)
αἰχμαλωτεύω   I take captive (1)

αἰχμάλωτος, ου, ὁ   captive (1)
συναιχμάλωτος, ου, ὁ   fellow prisoner (3)

56. Courts and Legal Procedures

C. Accusation

αἰτία, ας, ἡ   charge, case; cf. 89G: cause, reason (20)
αἰτίωμα, τος, τό   charge (1)
προαιτιάομαι   I charge previously (1)
ἀναίτιος, ον   innocent (2)

D. Judicial Hearing, Inquiry

ἀνακρίνω   I question; cf. 27D: I examine; 30G: I judge
                            (16)
ἀνάκρισις, εως, ἡ   investigation (1)
ἐπικαλέω   [mid.] I appeal to; cf. 33I: I call; 33L: [mid.] I
                            call upon (30)

E. Judge, Condemn, Acquit

κρίνω   I condemn; cf. 30E: I decide; 30G: I judge
                            (114)
κρίσις, εως, ἡ   condemnation; cf. 30G: judgment (47)
κρίμα, τος, τό   condemnation; cf. 30G: judgment (27)
αὐτοκατάκριτος, ον   self-condemned (1)
ἀπόκριμα, τος, τό   sentence (1)
κριτής, οῦ, ὁ   judge (19)
κριτικός, ή, όν   able to judge (1)
κατακρίνω   I condemn (18)
κατάκρισις, εως, ἡ   condemnation (2)
κατάκριμα, τος, τό   condemnation (3)
δικαιόω   I justify, I declare righteous, I acquit (39)
δικαίωσις, εως, ἡ   justification (2)
δικαίωμα, τος, τό   regulation, righteous act (10)
δικαιοκρισία, ας, ἡ   righteous judgment (1)
δικαστής, οῦ, ὁ   judge (2)
καταδικάζω   I condemn (5)

καταδίκη, ης, ἡ   sentence (1)
ἀντίδικος, ου, ὁ   accuser (5)
ὑπόδικος, ον   accountable [to judgment] (1)

F. Obtain Justice

ἐκδικέω   I give justice; cf. 38A: I punish; 39F: I
                                   avenge (6)
ἐκδίκησις, εως, ἡ   justice; cf. 38A: punishment; 39F:
                                   vengeance (9)
δίκη, ης, ἡ   Justice [the goddess]; cf. 38A:
                                   punishment (3)

G. Attorney, Lawyer

ῥήτωρ, ορος, ὁ   lawyer {rhetor} (1)
νομικός, ή, όν   [subst.] lawyer; cf. 33G': about the law (9)

57. Possess, Transfer, Exchange

A. Have, Possess, Property, Owner

ἔχω   I have, I hold; cf. 31A: I regard (708)
κατέχω   I possess; cf. 31F: I hold firmly to; 37A: I
                                   restrain (17)
κατάσχεσις, εως, ἡ   possession (2)
μετέχω   I share in (8)
μετοχή, ῆς, ἡ   sharing (1)
μέτοχος, ου, ὁ   sharer, partner (6)
συμμέτοχος, ου, ὁ   sharer, partner (2)
ἴδιος, α, ον   one's own; cf. 28D: privately [κατ᾿ ἰδίαν]
                                   (114)
κοινός, ή, όν   common; cf. 53D: defiled (14)
κοινωνός, οῦ, ὁ   sharer; cf. 34A: partner (10)
συγκοινωνός, οῦ, ὁ   sharer; cf. 34A: partner (4)
κύριος, ου, ὁ   owner; cf. 12A: Lord; 37D: master; 87C: sir
                                   (717)
οἰκοδεσπότης, ου, ὁ   owner of a house, landowner (12)
τὰ ὑπάρχοντα   possessions (11); cf. 13A: I am [ὑπάρχω] (49)

ὕπαρξις, εως, ἡ	possession (2)
βίος, ου, ὁ	property; cf. 41A: life (10)
σκεῦος, ους, τό	[pl.] property; cf. 6A: object; 6P: vessel, jar (23)

B. Have Sufficient

περισσεύω	I have plenty; cf. 59F: I abound, I overflow (39)

C. Be Rich, Be Wealthy

πλουτέω	I am rich, I become rich (12)
πλουτίζω	I make rich (3)
πλούσιος, α, ον	rich, wealthy (28)
πλοῦτος, ου, ὁ	riches, wealth (22)
πλουσίως	richly (4)
μαμωνᾶς, ᾶ, ὁ	mammon [Aram. "wealth," "money"] (4)

E. Need, Lack

ὑστερέω	I lack, I am in need of (16)
ὑστέρησις, εως, ἡ	need (2)
ὑστέρημα, τος, τό	need, what is lacking (9)
χρεία, ας, ἡ	need (49)
χρῄζω	I need (5)
κενός, ή, όν	empty, empty-handed; cf. 89I: in vain (18)
κενόω	I empty (5)
λείπω	I lack (6)
ἐκλείπω	I fail; cf. 68D: I stop (4)
ἐπιλείπω	I fail (1)
ἀνέκλειπτος, ον	unfailing (1)

F. Be Poor, Be Needy, Poverty

πτωχός, ή, όν	poor (34)
πτωχεύω	I become poor (1)
πτωχεία, ας, ἡ	poverty (3)

G. Take, Obtain, Gain, Lose

λαμβάνω	I take, I collect; cf. 57I: I receive (258)
καταλαμβάνω	I obtain; cf. 13D: I overtake; 37F: I seize (15)
κτάομαι	I acquire (7)
κτῆμα, τος, τό	possession (4)
κτήτωρ, ορος, ὁ	owner (1)
τυγχάνω	I obtain; cf. 90M: I experience (12)
ἐπιτυγχάνω	I obtain (5)
ἀπόλλυμι	I lose; cf. 20C: I destroy; 21F: [mid.] I perish (90)
ζημιόομαι	I suffer loss, I forfeit (6)
ζημία, ας, η	loss (4)

H. Give

δίδωμι	I give; cf. 13D: I grant (415)
δόσις, εως, ἡ	gift, giving (2)
δότης, ου, ὁ	giver (1)
δόμα, τος, τό	gift (4)
προδίδωμι	I give first (1)
ἀποδίδωμι	I give; cf. 38B: I repay; 57L: I pay (48)
ἐπιδίδωμι	I give (9)
ἀναδίδωμι	I deliver (1)
παραδίδωμι	I give over; cf. 37G: I hand over, I betray (119)
διαδίδωμι	I give out, I distribute (4)
μεταδίδωμι	I give, I share (5)
εὐμετάδοτος, ον	generous (1)
δωρέομαι	I give (3)
δώρημα, τος, τό	gift (2)
δωρεά, ᾶς, ἡ	gift (11)
δῶρον, ου, τό	gift, offering (19)
δωρεάν	freely, without cost (9)
προστίθημι	I give; cf. 59H: I add (18)
προσφέρω	I present to; cf. 15W: I bring to; 53B: I offer (47)
μερίζω	I give; cf. 37E: I assign; cf. 63F: I divide (14)

διαμερίζω	I distribute; cf. 63F: I divide (11)
μερισμός, οῦ, ὁ	distribution; cf. 63F: division (2)
κοινωνέω	I share; cf. 34A: I participate (8)
συγκοινωνέω	I share with; cf. 34A: I participate with (3)
κοινωνία, ας, ἡ	sharing; cf. 34A: fellowship (19)
κοινωνικός, ή, όν	ready to share (1)
χαρίζομαι	I give freely; 40B: I forgive (23)
χαριτόω	I give freely (2)
χάρις, ιτος, ἡ	gift; cf. 25H: favor; 88I: grace (155)
χάρισμα, τος, τό	gift (17)
ἐλεημοσύνη, ης, ἡ	alms, charitable gift (13)
διαθήκη, ης, ἡ	will; cf. 34E: covenant (33)
διατίθεμαι	I make a will; cf. 34E: I make a covenant (7)

I. Receive

δέχομαι	I receive; cf. 31G: I accept; 34G: I welcome (56)
διαδέχομαι	I receive in turn (1)
λαμβάνω	I receive; cf. 57G: I take, I collect (258)
λῆμψις, εως, ἡ	receiving (1)
ἀπολαμβάνω	I receive, I get back (10)
μεταλαμβάνω	I receive, I share (7)
μετάλημψις, εως, ἡ	receiving (1)
κομίζω	[mid.] I receive; cf. 15X: I bring (10)
κληρονομέω	I inherit (18)
κληρονομία, ας, ἡ	inheritance (14)
κληρονόμος, ου, ὁ	heir (15)
συγκληρονόμος, ου, ὁ	fellow heir (4)
κατακληρονομέω	I give as an inheritance (1)
ἀπέχω	I receive in full; cf. 13D: [mid.] I abstain from; 85A: I am away from (19)

J. Exchange

ἀλλάσσω	I exchange; cf. 58F: I change (6)
μεταλλάσσω	I exchange (2)
ἀντάλλαγμα, τος, τό	something given in exchange (2)

ἀντί   for; cf. 89W: instead (22)

L. Pay, Price, Cost

ἀποδίδωμι   I pay; cf. 38B: I repay; cf. 57H: I give (48)
τιμή, ῆς, ἡ   price, money; cf. 87B: honor, respect (41)
τιμιότης, ητος, ἡ   wealth (1)
τιμάω   I set a price on; cf. 87B: I honor, I respect
                                  (21)

M. Hire, Rent Out

μισθός, οῦ ὁ   wages; cf. 38B: reward (29)
μισθόομαι   I hire (2)
μίσθιος, ου, ὁ   hired worker (2)
μισθωτός, οῦ, ὁ   hired worker (3)
μίσθωμα, τος, τό   rented house (1)

N. Tax, Tribute

τελέω   I pay taxes; cf. 13D: I fulfill; 67C: I end;
                                  68C: I finish (28)
τέλος, ους, τό   tax; cf. 67C: end; 89I: goal (40)
τελώνιον, ου, τό   tax booth (3)
τελώνης, ου, ὁ   tax collector (21)
ἀρχιτελώνης, ου, ὁ   chief tax collector (1)
δίδραχμον, ου, τό   two-drachma temple tax (2)

O. Sell, Buy, Price

πωλέω   I sell (22)
ἀγοράζω   I buy; cf. 37J: I redeem (30)

P. Earn, Gain, Do Business

ἀγορά, ᾶς, ἡ   marketplace (11)
κερδαίνω   I gain, I win (17)
κέρδος, ους, τό   gain (3)
αἰσχροκερδής, ές   greedy for money (2)
αἰσχροκερδῶς   greedy for money (1)
ἐμπορεύομαι   I carry on business (2)

ἔμπορος, ου, ὁ	merchant (5)
ἐμπόριον, ου, τό	marketplace {emporium} (1)
ἐμπορία, ας, ἡ	business (1)

Q. Lend, Loan, Interest, Borrow, Bank

τράπεζα, ης, ἡ	bank; cf. 6O: table (15)
τραπεζίτης, ου, ὁ	banker (1)

R. Owe

ὀφείλω	I owe; cf. 71D: I ought; 71E: I must (35)
ὀφειλή, ῆς, ἡ	debt; cf. 71D: duty (3)
ὀφείλημα, τος, τό	debt; cf. 71D: obligation (2)
ὀφειλέτης, ου, ὁ	debtor; cf. 71D: one who is obligated (7)
χρεοφειλέτης, ου, ὁ	debtor (2)
προσοφείλω	I owe in return (1)

T. Keep Records

λογίζομαι	I reckon, I count; cf. 30A: I consider, I think about (40)
ἐλλογέω, ἐλλογάω	I charge to an account (2)

U. Steal, Rob

κλέπτω	I steal (13)
κλέμμα, τος, τό	theft (1)
κλοπή, ῆς, ἡ	theft (2)
κλέπτης, ου, ὁ	thief (16)
ἁρπάζω	I rob; cf. 18A: I seize, I snatch (14)
ἁρπαγμός, οῦ, ὁ	something to grasp (1)
ἁρπαγή, ῆς, ἡ	seizure, extortion (3)
διαρπάζω	I rob (3)
ἅρπαξ, αγος, ὁ	robber (5)
λῃστής, οῦ, ὁ	robber (15)

58. Nature, Class, Example

A. Nature, Character

ὑπόστασις, εως, ἡ	nature, essence {hypostatic} (5)
μορφή, ῆς, ἡ	nature; cf. 58B: form {morphology} (3)
μόρφωσις, εως, ἡ	embodiment (2)
μορφόω	I form (1)
σύμμορφος, ον	similar in form (2)
συμμορφίζομαι	I take on the same form as (1)
φύσις, εως, ἡ	nature; cf. 58D: kind (14)
φυσικός, ή, όν	natural (3)
φυσικῶς	naturally (1)
πλάσσω	I form, I mold {plastic} (2)
πλάσμα, τος, ἡ	what is formed (1)

B. Appearance as an Outward Manifestation of Form

εἶδος, ους, τό	appearance; cf. 24A: sight (5)
εἰδέα, ας, ἡ	appearance (1)
μεταμορφόομαι	I am transfigured; cf. 13B: I am transformed {metamorphosis} (4)
μορφή, ῆς, ἡ	form {morphology}; cf. 58A nature (3)
σχῆμα, τος, τό	form {scheme} (2)
μετασχηματίζω	I transform (5)
συσχηματίζομαι	I am conformed to (2)

D. Class, Kind

γένος, ους, τό	kind; cf. 10A: race, people; 10B: offspring (20)
φύσις, εως, ἡ	kind; cf. 58A: nature (14)
ποῖος, α, ον	what, what kind of; cf. 92G: which (33)
ὁποῖος, α, ον	what kind of (5)
οἷος, α, ον	what kind of; cf. 64: such as, as (14)

E. Same or Equivalent Kind or Class

αὐτός, ή, ό	same; cf. 92D: he, she, it; 92H: himself, herself, itself (5597)

ἰσότης, ητος, ἡ   equality (3)
ἴσος, η, ον   equal, same (8)
ἰσότιμος, ον   equally precious (1)

F. Different Kind or Class

ἕτερος, α, ον   different, other, another (98)
ἑτέρως   differently (1)
ἄλλος, η, ο   other, another (156)
ἄλλως   otherwise (1)
ἀλλάσσω   I change; cf. 57J: I exchange (6)
παραλλαγή, ῆς, ἡ   change (1)
διαφέρω   I differ; cf. 15X: I carry through; 65A: I am
                             valuable (13)
διάφορος, ον   different; [comp.] superior (4)
ποικίλος, η, ον   various (10)
πολυποίκιλος, ον   manifold (1)

G. Distinctive, Unique

μόνος, η, ον   only, alone (114)
μονόομαι   I am left alone (1)
μονογενής, ές   only (9)

H. Unusual, Different From the Ordinary

παράδοξος, ον   remarkable {paradox} (1)

I. Pattern, Model, Example, and Corresponding Representation

τύπος, ου, ὁ   pattern, example; cf. 58J: type (15)
ὑποτύπωσις, εως, ἡ   pattern, example (2)
τυπικῶς   as an example (1)

J. Archetype, Corresponding Type (Antitype)

τύπος, ου, ὁ   type; cf. 58I: pattern, example (15)
ἀντίτυπος, ον   antitype, copy (2)

K. New, Old (primarily non-temporal)

καινός, ή, όν   new (42)

καινότης, ητος, ἡ   newness (2)
ἀνακαίνωσις, εως, ἡ   renewal (2)
ἀνακαινόω   I renew (2)
ἀνακαινίζω   I renew (2)
ἐγκαινίζω   I dedicate (2)
ἐγκαίνια, ων, τά   Feast of Dedication, Hanukkah (1)
νέος, α, ον   new; cf. 67E: young (23)
ἀνανεόω   I renew (1)

59. Quantity

A. Many, Few (Countables)

πολύς, πολλή, πολύ   many; cf. 59B: much; 78A: great (416)
πλεῖστος, η, ον   [superl. of πολύς] most, very large (4)
ἱκανός, ή, όν   many; cf. 59B: large; 65B: worthy; 75:
                                adequate (39)
ὀλίγος, η, ον   few; cf. 59B: little, small (40)
πόσος, η, ον   how many; cf. 59B: how much (27)
ὅσος, η, ον   as many as; cf. 59B: as much as; 67G: as
                                long as (110)
τοσοῦτος, αύτη, οῦτον   so many; cf. 59B: so much, so great (20)
πλῆθος, ους, τό   large number; cf. 11A: crowd, multitude
                                (31)

B. Much, Little (Massives, Collectives, Extensions)

πολύς, πολλή, πολύ   much; cf. 59A: many; 78A: great (416)
πολλαπλασίων, ον   many times as much (1)
ἱκανός, ή, όν   large; cf. 59A: many; 65B: worthy; 75:
                                sufficient (39)
ὀλίγος, η, ον   little, small; cf. 59A: few (40)
πόσος, η, ον   how much; cf. 59A: how many (27)
ὅσος, η, ον   as much as; cf. 59A: as many as; 67G: as
                                long as (99)
τοσοῦτος, αύτη, οῦτον   so much, so great; cf. 59A: so many (20)
μικρός, ά, όν   little; cf. 79B': small; 81C: short (46)
μέγας, μεγάλη, μέγα   loud; cf. 78A: great; 79B': large (243)

C. All, Any, Each, Every (Totality)

πᾶς, πᾶσα, πᾶν	all, each, every (1243)
παμπληθεί	all together (1)
ἅπας, ἅπασα, ἅπαν	all, each, every (34)
ἀμφότεροι, αι, α	both, all (14)
ἕκαστος, η, ον	each, every (82)
ἑκάστοτε	always (1)
ὅλος, η, ον	complete, entire; cf. 63A: whole (109)
ὅλως	at all, completely (4)
ὁλόκληρος, ον	whole, complete (2)
ὁλοτελής, ές	completely (1)
καθόλου	completely (1)
πλήρωμα, τος, τό	fullness; cf. 13D: fulfillment (17)
πληρόω	I complete; cf. 13D: I fulfill; 59D: I fill (86)
ἐκπλήρωσις, εως, ἡ	completion (1)
ἀνταναπληρόω	I complete (1)

D. Full

πλήρης, ες	full (16)
πληρόω	I fill; cf. 13D: I fulfill; 59C: I complete (86)
πίμπλημι	I fill; cf. 13D: I fulfill (24)
μεστός, ή, όν	full (9)
μεστόω	I fill (1)
γέμω	I am full of (11)
γεμίζω	I fill (8)

E. Enough, Sufficient

ἀρκετός, ή, όν	sufficient (3)
ἀρκέω	I am sufficient; cf. 25G: [pass.] I am content (8)

F. Abundance, Excess, Sparing

πλεονάζω	I abound; cf. 59G: I increase (9)
ὑπερπλεονάζω	I am more abundant (1)
περισσεύω	I abound, I overflow; cf. 57B: I have plenty (39)

ὑπερπερισσεύω | I increase all the more (2)
περισσός, ή, όν | more, abundantly (22)
περίσσευμα, τος, τό | abundance, overflow (5)
περισσεία, ας, ἡ | abundance, overflow (4)

G. Increase, Decrease
αὐξάνω; αὔξω | I increase; cf. 23K: I grow (23)
πλεονάζω | I increase; cf. 59F: I abound (9)
πληθύνω | I increase, I multiply (12)

H. Add, Subtract
προστίθημι | I add; cf. 57H: I give (18)
ἐπιτίθημι | I add; cf. 85B: I put on, I lay on (39)
προσανατίθεμαι | I add (2)

60. Number

A. Number, Countless
ἀριθμός, οῦ, ὁ | number (18)
ἀριθμέω | I count (3)
καταριθμέομαι | I number (1)
ἀναρίθμητος, ον | countless, innumerable (1)
μυριάς, άδος, ἡ | myriad; cf. 60B: ten thousand (8)

B. One, Two, Three, etc. (Cardinals)
εἷς, μία, ἕν | one (344)
δύο | two (135)
τρεῖς, τρία | three (69)
τέσσαρες | four (41)
πέντε | five (38)
ἕξ | six (13)
ἑπτά | seven (88)
ὀκτώ | eight (8)
ἐννέα | nine (5)
δέκα | ten (25)
ἕνδεκα | eleven (6)

δώδεκα	twelve (75)
δεκατέσσαρες	fourteen (5)
δεκαπέντε	fifteen (3)
δεκαοκτώ	eighteen (2)
εἴκοσι	twenty (11)
τριάκοντα	thirty (11)
τεσσεράκοντα	forty (22)
πεντήκοντα	fifty (7)
ἑξήκοντα	sixty (9)
ἑβδομήκοντα	seventy (5)
ὀγδοήκοντα	eighty (2)
ἐνενήκοντα	ninety (4)
ἑκατόν	one hundred (17)
διακόσιοι, αι, α	two hundred (8)
τριακόσιοι, αι, α	three hundred (2)
τετρακόσιοι, αι, α	four hundred (4)
πεντακόσιοι, αι, α	five hundred (2)
ἑξακόσιοι, αι, α	six hundred (2)
χίλιοι, αι, α	thousand (11)
δισχίλιοι, αι, α	two thousand (1)
τρισχίλιοι, αι, α	three thousand (1)
τετρακισχίλιοι, αι, α	four thousand (5)
πεντακισχίλιοι, αι, α	five thousand (6)
ἑπτακισχίλιοι, αι, α	seven thousand (1)
μυριάς, άδος, ἡ	ten thousand; cf. 60A: myriad (8)
μυρίος, α, ον	ten thousand (3)
δισμυριάς, άδος, ἡ	twenty thousand (1)

C. First, Second, Third, Etc. (Ordinals)

πρῶτος, η, ον	first (155)
πρωτῶς	first (1)
δεύτερος, α, ον	second (43)
τρίτος, η, ον	third (56)
τέταρτος, η, ον	fourth (10)
πέμπτος, η, ον	fifth (4)
ἕκτος, η, ον	sixth (14)

ἕβδομος, η, ον   seventh (9)
ὄγδοος, η, ον   eighth (5)
ἔνατος, η, ον   ninth (10)
δέκατος, η, ον   tenth (7)
ἑνδέκατος, η, ον   eleventh (3)
δωδέκατος, η, ον   twelfth (1)
τεσσαρεσκαιδέκατος, η, ον   fourteenth (2)
πεντεκαιδέκατος, η, ον   fifteenth (1)

D. Half, Third, Fourth (Fractional Parts)

ἥμισυς, εια, υ   one-half {hemisphere} (5)
τρίτον, ου, τό   one-third (56)
τέταρτον, ου, τό   one-fourth (1)
δέκατον, ου, τό; ης, ἡ   one-tenth, tithe (5)
ἀποδεκατόω   I tithe, I collect tithes (4)
δεκατόω   I collect tithes, [pass.] I pay tithes (2)

E. Once, Twice, Three Times, Etc. (Cardinals of Time)

ἅπαξ   once, once for all (14)
ἐφάπαξ   once for all (5)
δίς   twice (6)
τρίς   three times (12)
τρίστεγον, ου, τό   third story (1)
πεντάκις   five times (1)
ἑπτάκις   seven times (4)
ἑβδομηκοντάκις   seventy times (1)

F. Double, Four Times as Much, Etc. (Multiples)

διπλοῦς, ῆ, οῦν   double (4)
διπλόω   I double (1)
τετραπλοῦς, ῆ, οῦν   four times (1)
ἑκατονταπλασίων, ον   a hundred times (3)

G. Pair, Group (Numbered Collections)

χιλιάς, άδος, ἡ   [group of] a thousand (23)

61. Sequence

οὕτως, οὕτω	thus, so, likewise (208)
ἔσχατος, η, ον	last (52)
ἐσχάτως	finally (1)
λοιπός, ή, όν	finally; cf. 63E: rest, other (55)
ὕστερος, α, ον	finally, last of all; cf. 67B: afterward, later (12)

62. Arrange, Organize

B. Organize (of events and states)

τάξις, εως, ἡ	order (9)
τάγμα, τος, τό	order (1)
ἀνατάσσομαι	I compile in order (1)

63. Whole, United, Part, Divide

A. Whole

ὅλος, η, ον	whole; cf. 59C: complete, entire (109)
ἑνότης, ητος, ἡ	unity (2)

D. Part

μέρος, ους, τό	part, share; cf. 1K: [pl.] region (42)
μερίς, ίδος, ἡ	part, share (5)
μέλος, ους, τό	member; cf. 8B: body part (34)
κλῆρος, ου, ὁ	share; cf. 30F: lot (11)

E. Remnant

λοιπός, ή, όν	rest, other; cf. 61: finally (55)
ἐπίλοιπος, ον	rest (1)
κατάλοιπος, ον	rest (1)
λεῖμμα, τος, τό	remnant (1)
ὑπόλειμμα, τος, τό	remnant (1)

F. Divide

μερίζω	I divide; cf. 37E: I assign; 57H: I give (14)
μερισμός, οῦ, ὁ	division; cf. 57H: distribution (2)

μεριστής, οῦ, ὁ	divider, arbitrator (1)
διαμερίζω	I divide; cf. 57H: I distribute (11)
διαμερισμός, οῦ, ὁ	division (1)
σχίζω	I divide; cf. 19C: I split, I tear (11)
σχίσμα, τος, τό	division; cf. 19C: tear (8)

G. Separate

ἀφορίζω	I separate; cf. 37E: I set apart (10)
χωρίζω	I separate; cf. 15D: [pass.] I leave (13)
ἀποχωρίζομαι	I separate (2)

64. Comparison

οἷος, α, ον	such as, as; cf. 58D: what kind of (14)
ὅμοιος, α, ον	as, like (45)
ὁμοίως	likewise, in the same way (30)
ὁμοιότης, ητος, ἡ	likeness (2)
ὁμοίωμα, τος, τό	likeness (6)
ὁμοίωσις, εως, ἡ	likeness (1)
ὁμοιόω	I make like, I compare, [pass.] I am like (15)
ἀφομοιόω	I resemble (1)
παρόμοιος, ον	similar (1)
παρομοιάζω	I am like (1)
τοιοῦτος, αὕτη, οὗτον	such as; cf. 92G: such (57)
ὡς	as, like; cf. 78C: about; 89N: how (504)
ὡσεί	as, like; cf. 78C: about (21)
ὥσπερ	as, just as (36)
ὡσπερεί	as (1)
ὡσαύτως	in the same way, likewise (17)
καθώς	as, just as (182)
καθώσπερ	as (1)
καθά	as (1)
καθό	as, according to (4)
καθάπερ	as, just as (13)
ἤ	than; cf. 89X: or (343)
ἤπερ	than (1)

65. Value

A. Valuable, Lacking in Value

τίμιος, α, ον	precious, valuable; cf. 87B: honored (13)
ἔντιμος, ον	precious, valuable; cf. 87B: honored (5)
βαρύτιμος, ον	very expensive (1)
πολύτιμος, ον	valuable, expensive (3)
διαφέρω	I am valuable; cf. 15X: I carry through; 58F: I differ (13)
θησαυρός, οῦ, ὁ	treasure (17)
θησαυρίζω	I store up, I save (8)
ἀποθησαυρίζω	I store up treasure (1)

B. Worthy, Not Worthy

ἄξιος, α, ον	worthy; cf. 66: fitting (41)
ἀξίως	in a worthy manner (6)
ἀξιόω	I consider worthy (7)
καταξιόω	I consider worthy (3)
ἀνάξιος, ον	unworthy (1)
ἀναξίως	in an unworthy manner (1)
ἱκανός, ή, όν	worthy; cf. 59A: many; 59B: large; 75: sufficient (39)

C. Good, Bad

ἀγαθός, ή, όν	good (102)
κρείττων, κρείσσων	better; cf. 87C: superior (19)
καλός, ή, όν	fine; cf. 79D: beautiful; 88A: good (102)
καλῶς	well; cf. 72B: rightly; 88A: good (36)
κακός, ή, όν	bad; cf. 20B: [subst.] harm; 88O: evil (50)
πονηρός, ά, όν	bad; cf. 88O: evil, wicked (78)
χείρων, ον	worse (11)

D. Useful, Useless

ματαιόομαι	I become futile (1)
μάταιος, α, ον	futile, useless (6)
ματαιότης, ητος, ἡ	futility (3)

ματαιολογία, ας, ἡ	meaningless talk (1)
ματαιολόγος, ου, ὁ	idle talker (1)
μάτην	in vain (2)

E. Advantageous, Not Advantageous

ὠφελέω	I benefit; cf. 35A: I help (15)
ὄφελος, ους, τό	benefit, good (3)
ὠφέλιμος, ον	beneficial (4)
ὠφέλεια, ας, ἡ	benefit, good (2)
ἀνωφελής, ές	without benefit, useless (2)
συμφέρω	[impers.] it is beneficial, it is better (15)
σύμφορον, ου, τό	benefit, good (2)

66. Proper, Improper
ἄξιος, α, ον	fitting; cf. 65B: worthy (41)

67. Time

I. Points of Time

A. A Point of Time without Reference to Other Points of Time: Time, Occasion, Ever, Often

καιρός, οῦ, ὁ	time, season (85)
εὐκαιρέω	I have time (3)
εὐκαιρία, ας, ἡ	opportunity (2)
εὔκαιρος, ον	opportune (2)
εὐκαίρως	opportune time (2)
ἀκαίρως	inopportune time (1)
ἀκαιρέομαι	I have no opportunity (1)
πρόσκαιρος, ον	short time, temporary (4)
ποτέ	ever, once (29)
πώποτε	ever (6)
οὐδέποτε	never (16)
μηδέποτε	never (1)
πολλάκις	often, many times (18)

B. A Point of Time with Reference to Other Points of Time: Before,
Long, Ago, Now, At the Same Time, When, About, After

πρό	[gen.] before (47)
πρίν, πρὶν ἤ	before (13)
πρότερος, α, ον	former, before (11)
ἤδη	now, already (61)
ἐάν	when; cf. 89J: if (333)
παλαιός, ά, όν	former; cf. 67E: old (19)
πάλαι	long ago (7)
ἔκπαλαι	long ago (2)
πότε	when (19)
ὅτε	when; cf. 67G: while (103)
ὅταν	when, whenever (123)
ἅμα	at the same time; cf. 89T: together with (10)
νῦν	now (147)
νυνί	now (20)
ἄρτι	now (36)
εἶτα	then (15)
ἔπειτα	then (16)
μετέπειτα	afterwards (1)
τότε	then (160)
μετά	[acc.] after; cf. 89T: [gen.] with (469)
ὕστερος, α, ον	afterward, later; cf. 61: finally, last of all (12)
εὐθέως	immediately, at once (36)
εὐθύς	immediately, at once (51)
ἐγγύς	near, close to (31)
ἄνωθεν	again; cf. 84A: from above (13)
πάλιν	again (141)
παλιγγενεσία, ας, ἡ	regeneration (2)
ταχύς, εῖα, ύ	soon; cf. 67E: quickly; quick (18)
ταχέως	soon; cf. 67E: quickly (10)
ταχινός, ή, όν	soon; cf. 67E: swift (2)
τάχος, ους, τό	[with ἐν] soon; cf. 67E: [with ἐν] quickly (8)
μέλλω	I am about, [partic.] coming; cf. 71E: I must (109)

C. A Point of Time with Reference to Duration of Time: Beginning, End

τέλος, ους, τό	end; cf. 57N: tax; 89I: goal (40)
τελέω	I end; cf. 13D: I fulfill; 57N: I pay taxes; 68C: I finish (28)
συντέλεια, ας, ἡ	end (6)
συντελέω	I end; cf. 68C: I complete (6)

D. A Point of Time with Reference to Units of Time: Daybreak, Midday, Midnight, Late

| ὄψιος, α, ον | late; cf. 67I: [subst.] evening (15) |

II. Duration of Time

E. Duration of Time without Reference to Points or Units of Time: Time, Spend Time, Always, Eternal, Old, Immediately, Young

χρόνος, ου, ὁ	time (54)
χρονοτριβέω	I spend time (1)
χρονίζω	I delay (5)
μακροχρόνιος, ον	long-lived (1)
πάντοτε	always (41)
αἰώνιος, ον	eternal (71)
παλαιός, ά, όν	old; cf. 67B: former (19)
παλαιότης, ητος, ἡ	oldness (1)
παλαιόω	I make obsolete, [pass.] I wear out (4)
γηράσκω	I grow old [geriatrics] (2)
γέρων, οντος, ὁ	old man (1)
γῆρας, ως, τό	old age (1)
ἀρχαῖος, α, ον	ancient, old (11)
ταχύς, εῖα, ύ	quickly, quick; cf. 67B: soon (18)
ταχέως	quickly; cf. 67B: soon (15)
ταχινός, ή, όν	swift; cf. 67B: soon (2)
ταχίον	quickly (4)
τάχος, ους, τό	[with ἐν] quickly; cf. 67B: [with ἐν] soon (8)
αἰφνίδιος, ον	suddenly (2)
ἄφνω	suddenly (3)
ἐξαίφνης	suddenly (5)

ἐξάπινα   suddenly (1)
παραχρῆμα   immediately (18)
νέος, α, ον   young; cf. 58K: new (23)

F. Duration of Time with Reference to Some Point of Time: Until, Delay, Still, From

ἕως   until; cf. 67G: while; 84B: as far as (146)
ἄχρι   until; cf. 84B: to, as far as (49)
μέχρι, μέχρις   until; cf. 84B: to (17)
οὔπω   not yet (26)
οὐδέπω   not yet (4)
μήπω   not yet (2)
μηδέπω   not yet (1)
ἔτι   still, yet (93)
οὐκέτι   no longer (47)
μηκέτι   no longer (22)

G. Duration of Time with Reference to Some Unit of Time: During, In, While, Throughout

ὅσος, η, ον   as long as; cf. 59A: as many as; 59B: as
                                much as (110)
ὅτε   while; cf. 67B: when (103)
ἕως   while; cf. 67F: until; 84B: as far as (146)

III. Units of Time

H. Indefinite Units of Time: Age, Lifetime, Interval, Period

αἰών, ῶνος, ὁ   age (122)

I. Definite Units of Time: Year, Month, Week, Day, Hour

χειμών, ῶνος, ὁ   winter (6)
παραχειμάζω   I spend the winter (4)
παραχειμασία, ας, ἡ   spending the winter (1)
χειμάρρος, ου, ὁ   winter stream, valley (1)
ἐνιαυτός, οῦ, ὁ   year (14)
ἔτος, ους, τό   year (49)

διετία, ας, ἡ	two-year period (2)
διετής, ές	two years old (1)
τριετία, ας, ἡ	three-year period (1)
τεσσαρακονταετής, ές	forty years (2)
ἑκατονταετής, ές	hundred years (1)
ἡμέρα, ας, ἡ	day (389)
νυχθήμερον, ου, τό	a day and a night (1)
δευτεραῖος, α, ον	on the second day (1)
τεταρταῖος, α, ον	on the fourth day (1)
ὀκταήμερος, ον	on the eighth day (1)
καθημερινός, ή, όν	daily (1)
ἐφήμερος, ον	daily (1)
σάββατον, ου, τό	Sabbath (68)
σαββατισμός, οῦ, ὁ	Sabbath rest (1)
προσάββατον, ου, τό	day before the Sabbath (1)
πρωΐ	early morning (12)
πρωΐα, ας, ἡ	early morning (2)
πρωϊνός, ή, όν	morning (1)
νύξ, νυκτός, ἡ	night (61)
μεσονύκτιον, ου, τό	midnight (4)
ἔννυχα	at night (1)
διανυκτερεύω	I spend the night (1)
φυλακή, ῆς, ἡ	watch; cf. 7B: jail, prison (47)
ὄψιος, α, ον	[subst.] evening; cf. 67D: late (15)
ὀψέ	evening (3)
ὥρα, ας, ἡ	hour (106)
ἡμίωρον, ου, τό	half an hour (1)

J. Units of Time with Reference to Other Units or Points of Time: Tomorrow

σήμερον	today (41)
αὔριον	tomorrow (14)
ἐπαύριον	the next day (17)

68. Aspect

A. Begin, Start

ἄρχω	[mid.] I begin; cf. 37D: I rule (86)
ἀρχή, ῆς, ἡ	beginning; cf. 37D: ruler (55)
ἀρχηγός, οῦ, ὁ	author, pioneer (4)
ἐνάρχομαι	I begin (2)
προενάρχομαι	I begin previously (2)

B. Continue

μένω	I continue; cf. 85C: I remain, I stay, I abide (118)
διαμένω	I continue; cf. 85C: I remain (5)
ἐπιμένω	I continue; cf. 85C: I remain, I stay (16)
προσμένω	I continue; cf. 85C: I remain (7)
ἐμμένω	I continue; cf. 85C: I remain (4)
παραμένω	I continue; cf. 85C: I remain (4)

C. Complete, Finish, Succeed

τελέω	I finish; cf. 13D: I fulfill; 57N: I pay taxes; 67C: I end (28)
ἐκτελέω	I finish (2)
ἀποτελέω	I complete (2)
ἐπιτελέω	I complete, I finish (10)
συντελέω	I complete; cf. 67C: I end (6)
τελειόω	I complete; cf. 13D: I fulfill; 88D: I make perfect (23)
τέλειος, α, ον	complete; cf. 88D: perfect; 88M: mature (19)
τελειωτής, οῦ, ὁ	perfecter (1)

D. Cease, Stop

παύω	I keep from; [mid.] I stop, I cease (15)
καταπαύω	I stop; cf. 23F: I rest (4)
ἀνάπαυσις, εως, ἡ	stop; cf. 23F: rest (5)
ἀκατάπαυστος, ον	unceasing (1)
ἀφαιρέω	I take away; cf. 85B: I cut off (10)

περιαιρέω	I take away (5)
διαλείπω	I stop (1)
ἐκλείπω	I stop; cf. 57E: I fail (4)
ἀδιάλειπτος, ον	unceasing (2)
ἀδιαλείπτως	without ceasing (4)

E. Try, Attempt

| πειράζω | I try; cf. 27D: I test; 88L': I tempt (38) |
| πειράομαι | I try (1) |

F. Do Intensely or Extensively

σπουδάζω	I do my best, I make every effort (11)
σπουδή, ῆς, ἡ	diligence; cf. 25F: eagerness; 68G: haste (12)
σπουδαίως	eagerly, earnestly (4)
προσκαρτερέω	I devote myself to, I continue in (10)
προσκαρτέρησις, εως, ἡ	perseverance (1)
καρτερέω	I persevere (1)

G. Rapidity, Suddenness

| σπουδή, ῆς, ἡ | haste; cf. 25F: eagerness; 68F: diligence (12) |
| σπεύδω | I hurry (6) |

69. Affirmation, Negation

A. Affirmation

| ναί | yes (33) |

B. Negation

οὔ	no (17)
οὐδαμῶς	by no means (1)
μηδαμῶς	by no means (2)

C. Negation Combined with Clitics

| οὐδέ | and not, neither, nor, not even (143) |
| μηδέ | and not, nor, not even (56) |

| οὔτε | neither . . . nor (87) |
| μήτε | neither . . . nor (34) |

D. Markers for an Affirmative Response to Questions

οὐ, οὐκ, οὐχ	not (1647)
οὐχί	not (54)
οὐκοῦν	so (1)

E. Markers for a Negative Response to Questions

| μή | not (1042) |
| μήτι | not (17) |

70. Real, Unreal

ὄντως	really, certainly (10)
ἀληθής, ές	real; cf. 72A: true (26)
ἀληθινός, ή, όν	real; cf. 72A: true (28)
ἀληθῶς	really; cf. 72A: truly (18)

71. Mode

A. Possible, Impossible

δυνατός, ή, όν	possible; cf. 74: able; 76: powerful (32)
ἀδυνατεῖ	it is impossible (2)
ἀδύνατος, ον	impossible (10)

C. Certain, Uncertain

| ἄν | would (166) |

D. Should, Ought

δεῖ	should, ought; cf. 71E: it is necessary, must (101)
ὀφείλω	I ought; cf. 57R: I owe; 71E: I must (35)
ὀφειλή, ῆς, ἡ	duty; cf. 57R: debt (3)
ὀφείλημα, τος, τό	obligation; cf. 57R: debt (2)
ὀφειλέτης, ου, ὁ	one who is obligated; cf. 57R: debtor (7)
ὄφελον	I wish (4)

ἔξεστι   it is lawful (31)

E. Necessary, Unnecessary

δεῖ   it is necessary, must; cf. 71D: should,
                                             ought (101)
ὀφείλω   I must; cf. 57R: I owe; 71D: I ought (35)
μέλλω   I must; cf. 67B: I am about, [partic.] coming
                                             (109)
ἀνάγκη, ης, ἡ   necessity; cf. 22A: distress; 37B:
                                             compulsion (17)
ἀναγκαῖος, α, ον   necessary (8)
ἐπάναγκες   necessary (1)
ἀναγκαστῶς   under compulsion (1)

72. True, False

A. True, False

ἀληθής, ές   true; cf. 70: real (26)
ἀληθινός, ή, όν   true; cf. 70: real (28)
ἀλήθεια, ας, ἡ   truth (109)
ἀληθεύω   I tell the truth (2)
ἀληθῶς   truly; cf. 70: really (18)
ἀμήν   amen, truly (129)

B. Accurate, Inaccurate

ὑγιής, ές   sound; cf. 23H: well (11)
ὑγιαίνω   I am sound; cf. 23H: I am well (12)
ἀκριβῶς   accurately, carefully (5)
ἀκριβής, ές   strict (5)
ἀκρίβεια, ας, ἡ   strictness (1)
ἀκριβόω   I learn exactly (2)
καλῶς   rightly; cf. 65C: well; 88A: good (36)
κακῶς   wrongly; cf. 23I: sickly; 78: severely (16)

73. Genuine, Phony

δόκιμος, ον   approved (7)

ἀδόκιμος, ον   not approved, disqualified (8)

74. Able, Capable

δύναμις, εως, ἡ   ability; cf. 76: power, miracle (119)
δυνατός, ή, όν   able; cf. 71A: possible; 76: powerful (32)
δύναμαι   I can, I am able (210)
δυνατέω   I am able (3)
δυναμόω   I strengthen (2)
ἐνδυναμόω   I strengthen; (pass.) I become strong (7)
ἰσχύω   I am able, I can; cf. 79M: I am strong (28)
ἐξισχύω   I am able (1)
κατισχύω   I am able; cf. 79M: I prevail (3)
οἰκοδομή, ῆς, ἡ   building up, edification; cf. 7A: building (18)
στηρίζω   I strengthen; cf. 85B: I establish (13)
ἐπιστηρίζω   I strengthen (4)
στερεόω   I strengthen, I make strong {steroid} (3)
στερέωμα, τος, τό   firmness, steadfastness (1)
στερεός, ά, όν   firm, solid (4)
σθενόω   I strengthen (1)
ἀσθενέω   I am weak; cf. 23I: I am sick, I am ill (33)
ἀσθένεια, ας, ἡ   weakness; cf. 23I: sickness, illness (24)
ἀσθένημα, τος, τό   weakness (1)
ἀσθενής, ές   weak; cf. 23I: sick (26)

75. Adequate, Qualified

ἱκανός, ή, όν   sufficient; cf. 59A: many; 59B: large; 65B:
                                        worthy (39)
ἱκανότης, ητος, ἡ   sufficiency (1)
ἱκανόω   I make sufficient (2)
καταρτίζω   I make complete, I restore (13)
ἐξαρτίζω   I equip completely (2)
κατάρτισις, εως, ἡ   being made complete (1)
καταρτισμός, οῦ, ὁ   equipping (1)
ἀπαρτισμός, οῦ, ὁ   completion (1)
προκαταρτίζω   I prepare in advance (1)
ἄρτιος, α, ον   complete (1)

76. Power, Force

δύναμις, εως, ἡ	power, miracle; cf. 74: ability (119)
δυνατός, ή, όν	powerful; cf. 71A: possible; 74: able (32)
κράτος, ους, τό	power, might (12)
κραταιός, ά, όν	mighty (1)
κραταιόομαι	I become strong (4)
ἰσχυρός, ά, όν	powerful, mighty; cf. 79M: strong (29)
ἐξουσία, ας, ἡ	power; cf. 37C: authority, right (102)
ἀθετέω	I reject, I set aside (16)
ἀθέτησις, εως, ἡ	annulment, removal (2)
καταργέω	I abolish; cf. 13C: I put an end to, I nullify (27)

77. Ready, Prepared

ἕτοιμος, η, ον	ready, prepared (17)
ἑτοιμασία, ας, ἡ	readiness, preparation (1)
ἑτοίμως	ready (3)
ἑτοιμάζω	I make ready, I prepare (40)
προετοιμάζω	I prepare in advance (2)
κατασκευάζω	I prepare; cf. 45: I build (11)
παρασκευάζω	I prepare (4)
ἐπισκευάζομαι	I prepare (1)
παρασκευάζομαι	I prepare (4)
παρασκευή, ῆς, ἡ	day of preparation (6)
ἀπαρασκεύαστος, ον	unprepared (1)

78. Degree

A. Much, Little (Positive-Negative Degree)

λίαν	very (12)
ὑπερλίαν	very special (2)
μέγας, μεγάλη, μέγα	great; cf. 59B: loud; 79B': large (243)
μέγιστος, η, ον	[superl. of μέγας] very great (1)
μεγάλως	greatly (1)
μέγεθος, ους, τό	greatness (1)
πολύς, πολλή, πολύ	great; cf. 59A: many; 59B: much (416)
μάλιστα	especially (12)

κακῶς	severely; cf. 23I: sickly; 72B: wrongly (16)
σφόδρα	very, greatly (11)
σφοδρῶς	greatly (1)

B. More Than, Less Than (Comparative Degree)

πλείων, πλεῖον, πλέον	[comp. of πολύς] more, greater (51)
μείζων, ον	[comp. of μέγας] greater, greatest (48)
μᾶλλον	more; cf. 89W: instead, but rather (81)
ἐπάνω	more than; cf. 83I: over, on (19)
περισσότερος, α, ον	much more, greater (16)
περισσῶς	all the more (4)
ἐκπερισσῶς	emphatically (1)
περισσοτέρως	all the more, much greater (12)
ὑπερεκπερισσοῦ	exceedingly more, most earnestly (3)
ὑπερπερισσῶς	beyond measure (1)
ὑπερβάλλω	I surpass (5)
ὑπερβολή, ῆς, ἡ	surpassing quality, extraordinary character (8)
ὑπερβαλλόντως	more severely (1)

C. About, Approximately, Almost, Hardly (Approximate Degree)

| ὡς | about; cf. 64: as, like; 89N: how (504) |
| ὡσεί | about; cf. 64: as, like (21) |

79. Features of Objects

A. Physical (Material), Spiritual

| σαρκικός, ή, όν | material; cf. 26: human; 41C: worldly (7) |

D. Beautiful

| καλός, ή, όν | beautiful; cf. 65C: fine; 88A: good (102) |
| κοσμέω | I adorn, I decorate (10) |

E. Glorious

| δόξα, ης, ἡ | glory, splendor (166) |
| ἔνδοξος, ον | glorious, splendid (4) |

G. Color

λευκός, ή, όν	white (25)
λευκαίνω	I make white (2)
χλωρός, ά, όν	green {chlorophyll} (4)
ὑακίνθινος, η, ον	blue {color of hyacinth} (1)
πορφυροῦς, ᾶ, οῦν	purple; cf. 6Q: [subst.] purple garment {porphyry} (4)

H. Sweet, Bitter, Tasteless

γλυκύς, εῖς, ύ	sweet {glucose} (4)
πικρία, ας, ἡ	bitterness (4)
πικρός, ά, όν	bitter (2)
πικραίνω	I make bitter (4)
πικρῶς	bitterly (2)

J. Clean, Dirty

καθαρός, ά, όν	clean, pure (27)
καθαρίζω	I clean; cf. 53C: I cleanse, I purify (31)
διακαθαρίζω	I clean out (1)
καθαίρω	I prune (1)
διακαθαίρω	I clean out (1)
ἐκκαθαίρω	I clean out (2)
περικάθαρμα, τος, τό	refuse, rubbish (1)
ἀκαθαρσία, ας, ἡ	uncleanness; cf. 88H': impurity (10)

L. Blemished, Unblemished

μῶμος, ου, ὁ	blemish (1)
ἄμωμος, ον	without blemish; cf. 88C: blameless (8)
ἀμώμητος, ον	without blemish; cf. 88C: blameless (1)

M. Strong, Weak

ἰσχύς, ύος, ἡ	strength, might (10)
ἰσχυρός, ά, όν	strong; cf. 76: powerful, mighty (29)
ἰσχύω	I am strong; cf. 74: I am able, I can (28)
κατισχύω	I prevail; cf. 74: I am able (3)

ἐνισχύω   I strengthen, I regain strength (2)

N. Hot, Lukewarm, Cold

θέρμη, ης, ἡ   heat {thermometer} (1)
θερμαίνομαι   I warm myself (6)
θέρος, ους, τό   summer (3)

O. Wet, Dry

ξηραίνω   I wither, I dry up (15)
ξηρός, ά, όν   withered, dry (8)

Q. Straight, Crooked

εὐθύς, εῖα, ύ   straight; cf. 88B: right (51)
εὐθύνω   I make straight (2)
κατευθύνω   I make straight, direct (3)
εὐθυδρομέω   I sail straight to (2)
ὀρθός, ή, όν   straight {orthodontist} (2)
σκολιός, ά, όν   crooked {scoliosis} (4)

V. Male, Female

ἄρσην, εν   male (9)
ἀρσενοκοίτης, ου, ὁ   male homosexual (2)

W. Shapes

γωνία, ας, ἡ   corner (9)
ἀκρογωνιαῖος, ου, ὁ   cornerstone (2)
τετράγωνος, ον   square (1)

X. Open, Close

ἀνοίγω   I open (77)
διανοίγω   I open (8)
ἄνοιξις, εως, ἡ   opening (1)
εφφαθα   [Aram.] be opened (1)
κλείω   I shut, I close (16)
κλείς, κλειδός, ἡ   key (6)
ἀποκλείω   I close (1)

κατακλείω	I shut up (2)
συγκλείω	I imprison, I lock up (4)

Y. Covered Over

καλύπτω	I cover; cf. 28E: I hide (8)
περικαλύπτω	I cover (3)
ἀκατακάλυπτος, ον	uncovered (2)
ἀνακαλύπτω	I uncover (2)

B'. Large, Small

μικρός, ά, όν	small; cf. 59B: little; 81C: short (46)
μέγας, μεγάλη, μέγα	large; cf. 59B: loud; 78A: great (231)
μεγαλύνω	I enlarge; cf. 87C: I magnify (8)
ἐλάχιστος, η, ον	very small; cf. 87D: least (14)

80. Space

A. Space, Place

τόπος, ου, ὁ	place (94)
ἐντόπιος, ου, ὁ	local people (1)
χωρέω	I have room for; cf. 31G: I accept (10)

81. Spatial Dimensions

A. Measure, To Measure

μέτρον, ου, τό	measure (14)
μετρέω	I measure (11)
ἀντιμετρέω	I measure back (1)
μετρητής, οῦ, ὁ	liquid measure [9 gallons or 40 liters] (1)

B. High, Low, Deep

ὑψόω	I lift up; cf. 87C: I exalt (20)
ὕψος, ους, τό	height; cf. 1B: on high (6)
ὕψωμα, τος, τό	height (2)
ὑψηλός, ή, όν	high; cf. 88A': arrogant, proud (11)
βάθος, ους, τό	depth (8)

βαθύς, εῖα, ύ   deep (4)
βαθύνω   I go deep (1)

C. Long, Short, Far

μικρός, ά, όν   short; cf. 59B: little; 79B': small (46)

D. Narrow, Wide

πλάτος, ους, τό   width, breadth (4)
πλατύς, εῖα, ύ   wide (1)
πλατύνω   I widen, I broaden (3)
πλατεῖα, ας, ἡ   wide street (9)

E. Specific Measures of Volume

κόρος, ου, ὁ   cor [10–13 bushels] (1)

F. Specific Measures of Length

στάδιος, ου, ὁ   stade [600 feet] (6)
μίλιον, ου, τό   mile (1)

82. Spatial Orientations

A. North, South, East, West

ἀνατολή, ῆς, ἡ   east; cf. 15J: rising (11)
βορρᾶς, ᾶ, ὁ   north {borealis} (2)

B. Right

δεξιός, ά, όν   right; cf. 8B: [subst.] right hand (54)

83. Spatial Positions

A. Here, There

ὧδε   here (61)
ἐνθάδε   here (8)
ἐκεῖ   there (95)
ἐκεῖσε   there (2)

B. Where, Somewhere, Everywhere

ὅπου	where, wherever (82)
οὗ	where (24)
ποῦ	where? (48)
πού	somewhere (4)
πανταχῆ	everywhere (1)
πανταχοῦ	everywhere (7)
πάντοθεν	everywhere, on every side (3)
πάντῃ	in every way (1)

C. Among, Between, In, Inside

μέσος, η, ον	among, in the middle (58)
μεσόω	I am in the middle (1)
ἐν	among, in; cf. 83E: at; 83H: on (2752)
ἔσωθεν	within, on the inside (12)
ἔσω	within, inside (9)
ἐσώτερος, α, ον	inner (2)

D. Around, About, Outside

περί	[acc.] around; cf. 90F: [gen.] concerning, about (333)
πέριξ	around (1)
ἔξω	out, outside; cf. 84B: away (63)
ἔξωθεν	outside (13)
ἐκτός	outside (8)

E. At, Beside, Near, Far

ἐπί	[dat.] at; cf. 83H: [gen.] on, upon; 84B: [acc.] to, on (890)
ἐν	at; cf. 83C: among, in; 83H: on (2752)
παρά	[dat., acc.] beside, by; cf. 84A: [gen.] from; 89T: [dat.] with (194)
ἐγγύς	near (31)
πλησίον	near; cf. 11C: neighbor (17)
μακράν	far, far away (9)
μακρόθεν	from/at a distance (14)

μακρός, ά, όν   far (5)

F. In Front of, Behind, Face to Face, In Back of, Behind

ἔμπροσθεν   before, in front of (48)
ἐνώπιον   before, in the presence of, in front of (94)
κατενώπιον   before (3)
πρό   before (47)
ὀπίσω   behind; cf. 36D: after (35)
ὄπισθεν   behind (7)

G. Opposite, Over Against, Across From, Offshore From

ἔναντι   before (2)
ἐναντίον   before (5)
ἐναντίος, α, ον   against (8)
ἀπέναντι   opposite, before (5)
κατέναντι   opposite, before (8)
ἄντικρυς   opposite (1)
πέραν   across, on the other side (23)
διαπεράω   I cross over (6)
ἀντιπέρα   opposite (1)

H. On, Upon, On the Surface Of

ἐπί   [gen.] on, upon; cf. 83E: [dat.] at; 84B:
                             [acc.] to, on (890)
ἐν   on; cf. 83C: among, in; 83E: at (2752)

I. Above, Below

ἄνω   above, up (9)
ἀνώτερος, α, ον   above, higher (2)
ἀνωτερικός, ή, όν   upper (1)
ἐπάνω   [gen.] over, on; cf. 78B: more than (19)
ὑπεράνω   far above (3)
ὑπό   [acc.] under; cf. 90A: [gen.] by (220)
ὑποκάτω   [gen.] under (11)
κάτω   below; cf. 84B: down (9)
κατωτέρω   under (1)

κατώτερος, α, ον   lower (1)

84. Spatial Extensions

A. Extension From a Source

ἀπό	[gen.] from (646)
ἐκ	[gen.] from, out of (914)
παρά	[gen.] from; cf. 83E: [dat., acc.] beside, by; 89T: [dat.] with (194)
πόθεν	from where? where? (29)
ἔνθεν	from here (2)
ἐντεῦθεν	from here (10)
ἐκεῖθεν	from there (27)
κἀκεῖθεν	and from there (10)
ὅθεν	where, from there; cf. 89G: therefore (15)
ἄνωθεν	from above; cf. 67B: again (13)

B. Extension To a Goal

εἰς	to, into; cf. 89H: so that; 89I: in order to (1767)
ἐπί	[acc.] to, on; cf. 83E: [dat.] at; 83H: [gen.] on, upon (890)
πρός	[acc.] to, toward (700)
ἕως	as far as; cf. 67F: until; 67G: while (146)
ἄχρι	to, as far as; cf. 67F: until (49)
μέχρι	to; cf. 67F: until (17)
δεῦτε	come (12)
δεῦρο	come (9)
κατά	[gen.] down; cf. 84C: [acc.] throughout; 89E: [acc.] according to; 90H: [gen.] against (473)
κάτω	down; cf. 83I: below (9)
ἔξω	away; cf. 83D: out, outside (63)

C. Extension Along a Path

διά	[gen.] through; cf. 89G: [acc.] on account of; 90A: [gen.] by; 90J: [acc.] because of (667)
κατά	[acc.] throughout; cf. 84B: [gen.] down; 89E: [acc.] according to; 90H: [gen.] against (473)

85. Existence in Space

A. Be in a Place

κεῖμαι	I am; cf. 17G: I lie, I am laid (24)
περίκειμαι	I am around (5)
παράκειμαι	I am present (2)
ἥκω	I have come, I am present (26)
παρίστημι	I present myself; cf. 17A: [intrans.] I stand near (41)
ἐφίστημι	I am present; cf. 17A: I stand by (21)
ἀπέχω	I am away from; cf. 13D: [mid.] I abstain from; 57I: I receive in full (19)
σύνειμι	I am with (2)
ἔνειμι	I am inside (1)
πάρειμι	I am present; cf. 15F: I arrive (24)
παρουσία, ας, ἡ	presence; cf. 15F: coming (24)
συμπάρειμι	I am present with (1)
ἄπειμι	I am absent (7)
ἀπουσία, ας, ἡ	absence (1)
ἐνδημέω	I am at home (3)
ἐκδημέω	I am away from (3)
ἀποδημέω	I go away on a journey (6)
ἀπόδημος, ον	away on a journey (1)
συνέκδημος, ου, ὁ	traveling companion (2)
παρεπίδημος, ου, ὁ	stranger (3)
ἐπιδημέω	I live as a stranger (2)

B. Put, Place

τίθημι	I put, I place; cf. 37E: I appoint (100)
παρατίθημι	I place before; cf. 35E: [mid.] I entrust to, I commit to (19)
ἐπιτίθημι	I put on, I lay on; cf. 59H: I add (39)
ἐπίθεσις, εως, ἡ	laying on (4)
περιτίθημι	I put on, I put around (8)
ἀποτίθεμαι	I put off, I put away (9)
ἐκτίθημι	I place outside (1)
ἔκθετος, ον	abandoned (1)
στηρίζω	I establish; cf. 74: I strengthen (13)
στηριγμός, οῦ, ὁ	stability (1)
ἀστήρικτος, ον	unstable (2)
βάλλω	I put; cf. 15Z: I throw (122)
βλητέος, α, ον	must be put (1)
ἐπιβάλλω	I lay on, I place on; cf. 15Z: I throw on (18)
καταβάλλω	[mid.] I lay (2)
παρεμβάλλω	I set up around (1)
ἵστημι	I make stand; cf. 17A: [intrans.] I stand (155)
ἀφαιρέω	I cut off; cf. 68D: I take away (10)
ἐξαιρέω	I take out (8)
καθαιρέω	I take down (9)

C. Remain, Stay

μένω	I remain, I stay, I abide; cf. 68B: I continue (118)
διαμένω	I remain; cf. 68B: I continue (5)
ἐπιμένω	I remain, I stay; cf. 68B: I continue (16)
καταμένω	I stay (1)
προσμένω	I remain; cf. 68B: I continue (7)
ἐμμένω	I remain; cf. 68B: I continue (4)
παραμένω	I remain; cf. 68B: I continue (4)
ὑπομένω	I stay behind; cf. 25O: I endure (17)
ἀναμένω	I wait for (1)
περιμένω	I wait for (1)
προσδέχομαι	I wait for; cf. 31G: I accept; 34G: I welcome (14)

ἐκδέχομαι	I wait for (6)
ἀπεκδέχομαι	I wait for (8)
διατρίβω	I remain, I stay (9)
χρονοτριβέω	I spend time (1)
καθίζω	I stay; cf. 17B: I sit, I seat (46)
κάθημαι	I live; cf. 17B: I sit, I sit down (91)

D. Leave in a Place

καταλείπω	I leave behind; cf. 15D: I leave (24)
ἀπολείπω	I leave behind (7)
περιλείπομαι	I am left behind (2)
ὑπολείπομαι	I am left behind (1)

E. Dwell, Reside

οἰκέω	I live, I dwell (9)
οἰκητήριον, ου, τό	dwelling (2)
ἐνοικέω	I live in, I dwell in (5)
συνοικέω	I live with (1)
κατοικέω	I live, I dwell (44)
κατοικητήριον, ου, τό	dwelling (2)
κατοικία, ας, ἡ	dwelling place (1)
κατοίκησις, εως, ἡ	dwelling (1)
παροικέω	I live as a stranger (2)
παροικία, ας, ἡ	stay (2)
πάροικος, ου, ὁ	stranger (4)
ἐγκατοικέω	I live among (1)
περιοικέω	I live nearby (1)
περίοικος, ου, ὁ	neighbor (1)
κατοικίζω	I cause to live (1)
μετοικίζω	I exile, I make to move (2)
μετοικεσία, ας, ἡ	exile, deportation (4)
σκηνόω	I live, I dwell (5)
κατασκηνόω	I live, I make a nest (4)
κατασκήνωσις, εως, ἡ	nest (2)
ἐπισκηνόω	I dwell in (1)
σκήνωμα, τος, τό	dwelling place; cf. 7B: tent (3)

ἔρημος, ον   deserted, desolate; cf. 1M: [subst.] desert,
                                      wilderness (48)
ἐρημόομαι   I make desolate (5)
ἐρήμωσις, εως, ἡ   desolation (3)

86. Weight

B. Pound, Talent (Specific Units of Weight)
λίτρα, ας, ἡ   pound, pint {liter} (2)
ταλαντιαῖος, α, ον   weighing a talent [90 pounds or 40
                                      kilograms] (1)

87. Status

B. Honor or Respect in Relation to Status
τιμή, ῆς, ἡ   honor, respect; cf. 57L: price, money (41)
τίμιος, α, ον   honored; cf. 65A: precious, valuable (13)
ἔντιμος, ον   honored; cf. 65A: precious, valuable (5)
τιμάω   I honor, I respect; cf. 57L: I set a price on
                                      (21)
δοξάζω   I honor; cf. 33K': I praise; 87C: I glorify (61)
πρωτοκλισία, ας, ἡ   place of honor (5)
πρωτοστάτης, ου, ὁ   ringleader (1)

C. High Status or Rank (including persons of high status)
ὑψόω   I exalt; cf. 81B: I lift up (20)
ὑπερυψόω   I exalt highly (1)
μεγαλωσύνη, ης, ἡ   majesty, Majesty (3)
μεγαλύνω   I magnify; cf. 79B': I enlarge (8)
μεγαλειότης, ητος, ἡ   majesty (3)
μεγιστάν, ᾶνος, ὁ   great person (3)
δοξάζω   I glorify; cf. 33K': I praise; cf. 87B: I honor
                                      (61)
ἐνδοξάζομαι   I am glorified (2)
συνδοξάζομαι   I share in another's glory (1)
εὐγενής, ές   of noble birth {eugenics} (3)

κρείττων, κρείσσων superior; cf. 65C: better (19)
κράτιστος, η, ον most excellent (4)
μείζων greater, greatest (48)
ὑπέρ [acc.] above; cf. 90I: [gen.] on behalf of, for (150)
κύριος, ου, ὁ sir; cf. 12A: Lord; 37D: master; 57A: owner (717)
κυρία, ας, ἡ lady (2)

D. Low Status or Rank (including persons of low status)

ταπεινόω I make low; cf. 88G: I humble (14)
ταπεινός, ή, όν lowly; cf. 88G: humble (8)
ἐλάχιστος, η, ον least; cf. 79B': very small (14)
ἐλάσσων, ον lesser (4)
ἐλαττόω I make lower, [pass.] I decrease (3)
ἐλαττονέω I have too little (1)
ἀτιμία, ας, ἡ dishonor, shame (7)
ἄτιμος, ον dishonored, without honor (4)
ἀτιμάζω I dishonor (7)

E. Slave, Free

δοῦλος, ου, ὁ slave, servant (124)
δούλη, ης, ἡ female servant (3)
δουλεύω I am a slave to; cf. 35B: I serve (25)
δουλόω I enslave (8)
καταδουλόω I enslave (2)
δουλαγωγέω I enslave (1)
σύνδουλος, ου, ὁ fellow slave, fellow servant (10)
δουλεία, ας, ἡ slavery (5)
παῖς, παιδός, ὁ, ἡ slave, servant; cf. 9D: child (24)
παιδίσκη, ης, ἡ slave girl, maid (13)
ἐλεύθερος, α, ον [subst.] freed person; cf. 37J: free (23)
ἀπελεύθερος, ου, ὁ freed person (1)
λιβερτῖνος, ου, ὁ freedman {libertine} (1)

88. Moral and Ethical Qualities and Related Behavior

A. Goodness

ἀγαθωσύνη, ης, ἡ	goodness (4)
ἀγαθοποιέω	I do good (9)
ἀγαθοποιός, οῦ, ὁ	one who does good (1)
ἀγαθοποιία, ας, ἡ	doing good (1)
ἀγαθοεργέω	I do good (2)
καλός, ή, όν	good; cf. 65C: fine; 79D: beautiful (102)
καλῶς	good; cf. 65C: well; 72B: rightly (36)
καλοποιέω	I do what is good (1)
χρηστότης, ητος, ἡ	goodness; cf. 88I: kindness (10)
χρηστός, ή, όν	good; cf. 88I: kind (7)

B. Just, Righteous

δικαιόω	I justify, I declare righteous (39)
δίκαιος, α, ον	righteous, just (79)
δικαιοσύνη, ης, ἡ	righteousness, justice (92)
δικαίωμα, τος, τό	righteous act; cf. 33G': regulation (10)
δικαίωσις, εως, ἡ	justification (2)
ἔνδικος, ον	right, just (2)
δικαίως	justly, uprightly (5)
ἄδικος, ον	unjust, unrighteous (12)
ἀδίκως	unjustly (1)
ἀδικία, ας, ἡ	injustice, unrighteousness, wickedness (25)
ἀδικέω	I wrong, I do wrong; cf. 20B: I harm (28)
ἀδίκημα, τος, τό	crime (3)
εὐθύς, εῖα, ύ	right; cf. 79Q: straight (8)
εὐθύτης, ητος, ἡ	righteousness (1)

C. Holy, Pure

ἅγιος, α, ον	holy; cf. 7B: [subst.] sanctuary; 11B: [subst.] saint (233)
ἁγιωσύνη, ης, ἡ	holiness (3)
ἁγιότης, ητος, ἡ	holiness (1)
ἁγιασμός, οῦ, ὁ	holiness, sanctification (10)

ἁγιάζω	I make holy, I sanctify; cf. 53F: I consecrate (28)
ἁγνός, ή, όν	pure (8)
ἁγνεία, ας, ἡ	purity (2)
ἁγνότης, ητος, ἡ	purity (1)
ἁγνίζω	I purify (7)
ἁγνισμός, οῦ, ὁ	purification (1)
ἁγνῶς	sincerely (1)
ὅσιος, α, ον	holy (8)
ὁσίως	holy (1)
ὁσιότης, ητος, ἡ	holiness (2)
ἀνόσιος, ον	unholy (2)
μωμάομαι	I blame, I find fault (2)
ἄμωμος, ον	blameless; cf. 79L: without blemish (8)
ἀμώμητος, ον	blameless; cf. 79L: without blemish (1)
μέμφομαι	I blame, I find fault (2)
μεμψίμοιρος, ον	faultfinding (1)
ἄμεμπτος, ον	blameless (5)
ἀμέμπτως	blamelessly (2)

D. Perfect, Perfection

τέλειος, α, ον	perfect; cf. 68C: complete; 88M: mature (19)
τελειότης, ητος, ἡ	perfection; cf. 88M: maturity (2)
τελειόω	I make perfect; cf. 13D: I fulfill; 68C: I complete (23)
τελείωσις, εως, ἡ	perfection; cf. 13D: fulfillment (2)

G. Humility

ταπείνωσις, εως, ἡ	humble state, humiliation (4)
ταπεινός, ή, όν	humble; cf. 87D: lowly (8)
ταπεινοφροσύνη, ης, ἡ	humility (7)
ταπεινόφρων, ον	humble (1)
ταπεινόω	I humble; cf. 87D: I make low (14)

H. Gentleness, Mildness

πραΰτης, ητος, ἡ	gentleness, meekness (11)

πραϋπαθία, ας, ἡ	gentleness (1)
πραΰς, πραεῖα, πραΰ	gentle, meek (4)

I. Kindness, Harshness

χάρις, ιτος, ἡ	grace; cf. 25H: favor; 57H: gift (155)
χρηστότης, ητος, ἡ	kindness; cf. 88A: goodness (10)
χρηστός, ή, όν	kind; cf. 88A: good (7)
χρηστεύομαι	I am kind (1)
φιλανθρωπία, ας, ἡ	kindness {philanthropy} (2)
φιλανθρώπως	kindly (1)
φιλοφρόνως	kindly (1)

J. Mercy, Merciless

ἐλεέω	I am merciful, I show mercy (29)
ἐλεάω	I am merciful, I show mercy (3)
ἔλεος, ους, τό	mercy, compassion (27)
ἐλεήμων, ον	merciful (2)
ἐλεεινός, ή, όν	pitiable (2)
ἀνέλεος, ον	without mercy (1)
ἀνελεήμων, ον	unmerciful (1)
οἰκτίρω	I have mercy (2)
οἰκτιρμός, οῦ, ὁ	mercy (5)
οἰκτίρμων, ον	merciful (3)

K. Self-Control, Lack of Self-Control

ἐγκρατεύομαι	I exercise self-control (2)
ἐγκράτεια, ας, ἡ	self-control (4)
ἐγκρατής, ές	self-controlled (1)
ἀκρασία, ας, ἡ	lack of self-control (2)
ἀκρατής, ές	without self-control (1)

L. Sensible Behavior, Senseless Behavior

σωφρονισμός, οῦ, ὁ	self-control (1)
σωφροσύνη, ης, ἡ	self-control (3)
σώφρων, ον	self-controlled (4)
σωφρονέω	I am self-controlled, I think soberly (6)

σωφρόνως   self-controlled (1)

M. Mature Behavior
τέλειος, α, ον   mature; cf. 68C: complete; 88D: perfect (19)
τελειότης, ητος, ἡ   maturity; cf. 88D: perfection (2)

N. Peaceful Behavior
ἡσυχάζω   I live quietly (5)
ἡσυχία, ας, ἡ   quiet living (4)
ἡσύχιος, ον   quiet (2)

O. Bad, Evil, Harmful, Damaging
κακός, ή, όν   evil; cf. 20B: [subst.] harm; 65C: bad (50)
κακία, ας, ἡ   evil, malice (11)
κακοποιέω   I do evil (4)
κακοποιός, οῦ, ὁ   evildoer, criminal (3)
κακοήθεια, ας, ἡ   malice (1)
κακοῦργος, ου, ὁ   criminal (4)
κακουχέω   I mistreat (2)
ἄκακος, ον   blameless (2)
πονηρός, ά, όν   wicked, evil; cf. 65C: bad (78)
πονηρία, ας, ἡ   wickedness, evil (7)

P. Treat Badly
ὑβρίζω   I mistreat; cf. 33P': I insult (5)
ὕβρις, εως, ἡ   mistreatment; cf. 33P': insult (3)
ὑβριστής, οῦ, ὁ   insolent person; cf. 33P': insulter (2)

R. Act Lawlessly
ἀνομία, ας, ἡ   lawlessness, wickedness (15)
ἄνομος, ον   lawless; cf. 33E: without the law (9)
παρανομία, ας, ἡ   lawless act (1)
παρανομέω   I break the law (1)

U. Mislead, Lead Astray, Deceive
δόλος, ου, ὁ   deceit, trickery (11)

δολιόω	I deceive (1)
δόλιος, α, ον	deceitful (1)
δολόω	I distort (1)

V. Envy, Jealousy

ζῆλος, ου, ὁ; ους, τό	jealousy; cf. 25C: zeal (16)
ζηλόω	I am jealous; cf. 25C: I have zeal; 25F: I desire earnestly (11)
παραζηλόω	I make jealous (4)
φθόνος, ου, ὁ	jealousy, envy (9)
φθονέω	I envy (1)

X. Anger, Be Indignant With

ὀργή, ῆς, ἡ	wrath, anger (36)
ὀργίζομαι	I am angry (8)
ὀργίλος, η, ον	quick-tempered (1)
παροργισμός, οῦ, ὁ	anger (1)
παροργίζω	I provoke (2)
θυμός, οῦ, ὁ	wrath, fury, anger (18)
θυμόομαι	I am furious (1)
ἔα	ah (1)

Y. Despise, Scorn, Contempt

καταφρονέω	I despise, I look down on (9)
καταφρονητής, οῦ, ὁ	scoffer (1)
ἐξουθενέω	I despise, I treat with contempt (11)

Z. Hate, Hateful

| μισέω | I hate (40) |

A'. Arrogance, Haughtiness, Pride

| ὑψηλός, ή, όν | arrogant, proud; cf. 81B: high (11) |
| ὑψηλοφρονέω | I am arrogant (1) |

B'. Stubborness

| σκληρύνω | I harden, [pass.] I become stubborn (6) |

σκληρός, ά, όν	hard (5)
σκληρότης, ητος, ἡ	stubbornness (1)
σκληροτράχηλος, ον	stiff-necked (1)
σκληροκαρδία, ας, ἡ	hard-hearted, stubborn (3)

C'. Hypocrisy, Pretense

ὑποκριτής, οῦ, ὁ	hypocrite (17)
ὑπόκρισις, εως, ἡ	hypocrisy (6)
ὑποκρίνομαι	I pretend (1)
συνυποκρίνομαι	I join in hypocrisy (1)
ἀνυπόκριτος, ον	without hypocrisy, sincere (6)

H'. Impurity

ἀκαθαρσία, ας, ἡ	impurity; cf. 79J: uncleanness (10)
μιαίνω	I defile, I corrupt (5)
μίασμα, τος, τό	defilement, corruption (1)
μιασμός, οῦ, ὁ	defilement, corruption (1)
ἀμίαντος, ον	undefiled (4)

I'. Licentiousness, Perversion

φθορά, ᾶς, ἡ	corruption; cf. 20C: destruction; 23M: decay (9)
φθείρω	I corrupt; cf. 20C: I destroy (9)
διαφθείρω	I corrupt; cf. 20C: I destroy (6)
καταφθείρω	I corrupt (1)

J'. Sexual Misbehavior

πορνεία, ας, ἡ	sexual immorality (25)
πόρνος, ου, ὁ	sexually immoral person (10)
πόρνη, ης, ἡ	prostitute (12)
πορνεύω	I commit sexual immorality (8)
ἐκπορνεύω	I commit sexual immorality (1)
ἀσέλγεια, ας, ἡ	debauchery, licentiousness (10)
μοιχεύω	I commit adultery (15)
μοιχάομαι	I commit adultery (4)
μοιχεία, ας, ἡ	adultery (3)

μοιχός, οῦ, ὁ	adulterer (3)
μοιχαλίς, ίδος, ἡ	adulteress (7)

K'. Drunkenness

μεθύω	I am drunk (5)
μέθη, ης, ἡ	drunkenness (3)
μεθύσκομαι	I get drunk (5)
μέθυσος, ου, ὁ	drunkard (2)

L'. Sin, Wrongdoing, Guilt

ἁμαρτάνω	I sin (43)
ἁμαρτία, ας, ἡ	sin (173)
ἁμαρτωλός, όν	sinful, [subst.] sinner (47)
ἁμάρτημα, τος, τό	sin (4)
προαμαρτάνω	I sin before (2)
ἀναμάρτητος, ον	without sin (1)
παράπτωμα, τος, τό	trespass, transgression, sin (19)
σκανδαλίζω	I cause to sin/stumble, [pass.] I fall away; cf. 25P: [pass.] I take offense (29)
σκάνδαλον, ου, τό	sin, stumbling block; cf. 25P: offense (15)
προσκοπή, ῆς, ἡ	stumbling block (1)
πρόσκομμα, τος, τό	stumbling (6)
προσκόπτω	I stumble (8)
ἀπρόσκοπος, ον	not causing stumbling, blameless (3)
πειράζω	I tempt; cf. 27D: I test; 68E: I try (38)
ἐκπειράζω	I tempt; cf. 27D: I test (4)
πειρασμός, οῦ, ὁ	temptation; cf. 27D: testing (21)
ἀπείραστος, ον	cannot be tempted (1)
ἔνοχος, ον	guilty, liable (10)

89. Relations

E. Relations Involving Correspondences (Isomorphisms)

κατά	[acc.] according to; cf. 84B: [gen.] down; 84C: [acc.] throughout; 90H: [gen.] against (473)

ἀναλογία, ας, ἡ   proportion {analogy} (1)

G. Cause and/or Reason

αἰτία, ας, ἡ   cause, reason; cf. 56C: charge, case (20)
αἴτιον, ου, τό   cause, reason (4)
αἴτιος, ου, ὁ   source (1)
αὐτόματος, η, ον   by itself {automatic} (2)
γάρ   for, because; cf. 91A: then (1041)
ὅθεν   therefore; cf. 84A: where, from there (15)
διά   [acc.] on account of; cf. 84C: [gen.] through; 90A: [gen.] by; 90J: because of (667)
διότι   because, for (23)
ἕνεκεν, ἕνεκα   on account of; cf. 90J: because of, for the sake of (26)
ἐπεί   because, since, otherwise (26)
ἐπειδή   because, since, for (10)
ἐπειδήπερ   since (1)
ὅτι   because; cf. 90F: that (1300)
καθότι   because (6)

H. Result

ἄρα   so, then, therefore (52)
διό   therefore, so (53)
διόπερ   therefore (2)
εἰς   so that; cf. 84B: to, into; 89I: in order to (1767)
ἵνα   that; cf. 89I: for, so that (663)
οὖν   therefore, so; cf. 91B: then (499)
τοιγαροῦν   therefore (2)
τοίνυν   therefore (3)
ὥστε   therefore, so that (83)

I. Purpose

τέλος, ους, τό   goal; cf. 57N: tax; 67C: end (40)
εἰς   in order to; cf. 84B: to, into; 89H: so that (1767)

ἵνα	for, so that; cf. 89H: that (663)
ὅπως	that, so that; cf. 89N: how (53)
μήποτε	so that…not, lest (25)
κενός, ή, όν	in vain; cf. 57E: empty, empty-handed (18)
κενῶς	in vain (1)

J. Condition

εἰ	if; cf. 90F: whether, that (502)
εἴπερ	if indeed (6)
ἐάν	if; cf. 67B: when (351)
ἐάνπερ	if (3)
εἴτε	if, whether (65)

K. Concession

κἄν [καί + ἐάν]	even if, even though (17)
καίπερ	though, even though (5)
καίτοι	though (2)
καίτοιγε	though (1)

N. Manner

τρόπος, ου, ὁ	way, manner; cf. 41A: life (13)
πολυτρόπως	in various ways (1)
ὅπως	how; cf. 89I: that, so that (53)
ὡς	how; cf. 64: as, like; 78C: about (504)

O. Sequential Addition

καί	and then; cf. 89Q: and, also, even (9018)

P. Distribution

ἀνά	each (13)

Q. Addition

καί	and, also, even; cf. 89O: and then (90183)
δέ	and; cf. 89W: but (2792)
τέ	and (215)

T. Association

σύν	with, together with (128)
μετά	[gen.] with; cf. 67B: [acc.] after (469)
παρά	[dat.] with; cf. 83E: [dat., acc.] beside, by; 84A: [gen.] from (194)
ἅμα	together with; cf. 67B: at the same time (10)

U. Dissociation

χωρίς	without, apart from (41)

W. Contrast

δέ	but; cf. 89Q: and (2792)
ἀλλά	but, instead (639)
μᾶλλον	instead, but rather; cf. 78B: more (81)
ἀντί	instead; cf. 57J: for (22)
τοὐναντίον	instead, on the contrary (3)
μέντοι	but, nevertheless (8)
μέν	on the one hand; cf. 91B: indeed (179)

X. Alternative Relation

ἤ	or; cf. 64: than (343)

90. Case

A. Agent, Personal or Nonpersonal, Causative or Immediate, Direct or Indirect

ὑπό	[gen.] by; cf. 83I: [acc.] under (220)
διά	[gen.] by; cf. 84C: [gen.] through; 89G: [acc.] on account of; 90J: [acc.] because of (667)

F. Content

ὅτι	that; cf. 89G: because (1300)
περί	[gen.] concerning, about; cf. 83D: [acc.] around (333)
εἰ	whether, that; cf. 89J: if (502)

H. Oppostion
κατά   [gen.] against; cf. 84B: [gen.] down; 84C:
                              [acc.] throughout; 89E: [acc.] according
                              to (473)

I. Benefaction
ὑπέρ   [gen.] on behalf of, for; cf. 87C: [acc.]
                              above (150)

J. Reason Participant
ἕνεκεν, ἕνεκα   because of, for the sake of; cf. 89G: on
                              account of (26)
εἵνεκεν   because [of] (2)
διά   [acc.] because of; cf. 84C: [gen.] through;
                              89G: [acc.] on account of; 90A: [gen.]
                              by (667)

M. Experiencer
τυγχάνω   I experience; cf. 57G: I obtain (12)
συνέχω   [pass.] I suffer with; cf. 37I: I hold [in
                              custody] (12)

N. To Cause to Experience
παρέχω   I cause, I give (16)

91. Discourse Markers

A. Markers of Transition
γάρ   then; cf. 89G: for, because (1041)

B. Markers of Emphasis
μέν   indeed; cf. 89W: on the one hand (179)
γέ   indeed (25)
οὖν   then; cf. 89H: therefore, so (499)
μενοῦν   indeed (3)
μενοῦνγε   indeed (3)

C. Prompters of Attention

ἰδού	look, see, behold (200)
ἴδε	look, see, behold (29)

D. Marker of Direct Address

ὦ	O (17)

92. Discourse Referentials

A. Speaker

ἐγώ, ἐμοῦ, μου	I (1725)
ἐμός, ή, όν	my, mine (76)
ἐμαυτοῦ, ῆς	myself, me (37)

B. Speaker and Those Associated with the Speaker (exclusive and inclusive)

ἡμεῖς, ἡμᾶς	we, us (864)
ἡμέτερος, α, ον	our, ours (7)

C. Receptor, Receptors

σύ, σοῦ, σου	you (1069)
ὑμεῖς, ὑμᾶς	you, your (1840)
σός, σή, σόν	your, yours (27)
ὑμέτερος, α, ον	your, yours (11)
σεαυτοῦ, ῆς	yourself (43)

D. Whom or What Spoken or Written About

αὐτός, ή, ό	he, she, it; cf. 58E: same; 92H: himself, herself, itself (5597)
τις, τι	anyone, anything, someone, something (525)
τίς, τί	who? which? what? why? (555)
πῶς	how? (103)
ὅστις, ἥτις, ὅ τι	whoever, whichever, whatever (147)
ἀλλότριος, α, ον	another's, someone else's; cf. 11C: [subst.] stranger (14)

οὐδείς, οὐδεμία, οὐδέν	no one, none, nothing (234)
μηδείς, μηδεμία, μηδέν	no one, none, nothing (90)
ὁ, ἡ, τό	the (19,870)
ἑαυτοῦ, ἧς, οὗ	himself, herself, itself (319)

E. Reciprocal Reference

ἀλλήλων, οις, ους	each other, one another (100)

F. Relative Reference

ὅς, ἥ, ὅ	who, which, what (1407)

G. Demonstrative or Deictic Reference

οὗτος, αὕτη, τοῦτο	this (1387)
ἐκεῖνος, η, ο	that (243)
τοιοῦτος, αὕτη, οὗτον	such; cf. 64: such as (57)
ὅδε, ἥδε, τόδε	this (10)
ποῖος, α, ον	which; cf. 58D: what, what kind of (33)

H. Emphatic Adjunct

αὐτός, ἡ, ὁ	himself, herself, itself; cf. 58E: same; 92D: he, she, it; (5597)

93. Names of Persons and Places

A. Men

Ἀαρών, ὁ	Aaron (5)
Ἄβελ, ὁ	Abel (4)
Ἀβιά, ὁ	Abijah (3)
Ἀβιαθάρ, ὁ	Abiathar (1)
Ἀβιούδ, ὁ	Abiud (2)
Ἀβραάμ, ὁ	Abraham (73)
Ἄγαβος, ου, ὁ	Agabus (2)
Ἀγρίππας, α, ὁ	Agrippa (11)
Ἀδάμ, ὁ	Adam (9)
Ἀδδί, ὁ	Addi (1)
Ἀδμίν, ὁ	Admin (1)

Ἀζώρ, ὁ	Azor (2)
Αἰνέας, ου, ὁ	Aeneas (2)
Ἀκύλας, ὁ	Aquila (6)
Ἀλέξανδρος, ου, ὁ	Alexander (6)
Ἀλφαῖος, ου, ὁ	Alphaeus (5)
Ἀμιναδάβ, ὁ	Amminadab (3)
Ἀμπλιᾶτος, ου, ὁ	Ampliatus (1)
Ἀμώς, ὁ	Amos (3)
Ἀνανίας, ου, ὁ	Ananias (11)
Ἀνδρέας, ου, ὁ	Andrew (13)
Ἀνδρόνικος, ου, ὁ	Andronicus (1)
Ἅννας, α, ὁ	Annas (4)
Ἀντιπᾶς, ᾶ, ὁ	Antipas (1)
Ἀπελλῆς, οῦ, ὁ	Apelles (1)
Ἀπολλῶς, ῶ, ὁ	Apollos (10)
Ἀράμ, ὁ	Aram (2)
Ἀρέτας, α, ο	Aretas (1)
Ἀρίσταρχος, ου, ὁ	Aristarchus (5)
Ἀριστόβουλος, ου, ὁ	Aristobulus (1)
Ἀρνί, ὁ	Arni (1)
Ἀρτεμᾶς, ᾶ, ὁ	Artemas (1)
Ἀρφαξάδ, ὁ	Arphaxad (1)
Ἀρχέλαος, ου, ὁ	Archelaus (1)
Ἄρχιππος, ου, ὁ	Archippus (2)
Ἀσάφ, ὁ	Asaph (2)
Ἀσήρ, ὁ	Asher (2)
Ἀσύγκριτος, ου, ὁ	Asyncritus (1)
Αὐγοῦστος, ου, ὁ	Augustus (1)
Ἀχάζ, ὁ	Ahaz (2)
Ἀχαϊκός, οῦ, ὁ	Achaicus (1)
Ἀχίμ, ὁ	Achim (2)
Βαλαάμ, ὁ	Balaam (3)
Βαλάκ, ὁ	Balak (1)
Βαραββᾶς, ᾶ, ὁ	Barabbas (11)
Βαράκ, ὁ	Barak (1)
Βαραχίας, ου, ὁ	Barachiah (1)

Βαρθολομαῖος, ου, ὁ	Bartholomew (4)
Βαριησοῦς, οῦ, ὁ	Bar-Jesus (1)
Βαριωνᾶ(ς), ᾶ, ὁ	Bar-Jonah (1)
Βαρναβᾶς, ᾶ, ὁ	Barnabas (28)
Βαρσαββᾶς, ᾶ, ὁ	Barsabbas (2)
Βαρτιμαῖος, ου, ὁ	Bartimaeus (1)
Βενιαμίν, Βενιαμείν, ὁ	Benjamin (4)
Βλάστος, ου, ὁ	Blastus (1)
Βοανηργές	Boanerges ["Sons of Thunder"] (1)
Βόες, ὁ	Boaz (2)
Βόος, ὁ	Boaz (1)
Βοσόρ, ὁ	Bosor (1)
Γάδ, ὁ	Gad (1)
Γάϊος, ου, ὁ	Gaius (5)
Γαλλίων, ωνος, ὁ	Gallio (3)
Γαμαλιήλ, ὁ	Gamaliel (2)
Γεδεών, ὁ	Gideon (1)
Γώγ, ὁ	Gog (1)
Δανιήλ, ὁ	Daniel (1)
Δαυίδ, ὁ	David (59)
Δημᾶς, ᾶ, ὁ	Demas (3)
Δημήτριος, ου, ὁ	Demetrius (3)
Δίδυμος, ου, ὁ	Didymus ["Twin"] (3)
Διονύσιος, ου, ὁ	Dionysius (1)
Διοτρέφης, ους, ὁ	Diotrephes (1)
Ἔβερ, ὁ	Eber (1)
Ἑβραῖος, ου, ὁ	a Hebrew (4)
Ἑζεκίας, ου, ὁ	Hezekiah (2)
Ἐλεάζαρ, ὁ	Eleazar (2)
Ἐλιακίμ, ὁ	Eliakim (3)
Ἐλιέζερ, ὁ	Eliezer (1)
Ἐλιούδ, ὁ	Eliud (2)
Ἐλισαῖος, ου, ὁ	Elisha (1)
Ἐλμαδάμ, ὁ	Elmadam (1)
Ἐλύμας, α, ὁ	Elymas (1)
Ἐμμανουήλ, ὁ	Emmanuel (1)

Ἐμμώρ, ὁ	Hamor (1)
Ἐνώς, ὁ	Enos (1)
Ἐνώχ, ὁ	Enoch (3)
Ἐπαίνετος, ου, ὁ	Epaenetus (1)
Ἐπαφρᾶς, ᾶ, ὁ	Epaphras (3)
Ἐπαφρόδιτος, ου, ὁ	Epaphroditus (2)
Ἔραστος, ου, ὁ	Erastus (3)
Ἑρμᾶς, ᾶ, ὁ	Hermas (1)
Ἑρμογένης, ους, ὁ	Hermogenes (1)
Ἐσλί, ὁ	Esli (1)
Ἑσρώμ, ὁ	Hezron (3)
Εὔβουλος, ου, ὁ	Eubulus (1)
Εὔτυχος, ου, ὁ	Eutychus (1)
Ζαβουλών, ὁ	Zebulun (3)
Ζακχαῖος, ου, ὁ	Zacchaeus (3)
Ζάρα, ὁ	Zerah (1)
Ζαχαρίας, ου, ὁ	Zechariah (11)
Ζεβεδαῖος, ου, ὁ	Zebedee (12)
Ζηνᾶς, ὁ	Zenas (1)
Ζοροβαβέλ, ὁ	Zerubbabel (3)
Ἡλί, ὁ	Heli (1)
Ἡλίας, ου, ὁ	Elijah (29)
Ἤρ, ὁ	Er (1)
Ἡρῴδης, ου, ὁ	Herod (43)
Ἡρῳδίων, ωνος, ὁ	Herodion (1)
Ἡσαΐας, ου, ὁ	Isaiah (22)
Ἠσαῦ, ὁ	Esau (3)
Θαδδαῖος, ου, ὁ	Thaddaeus (2)
Θάρα, ὁ	Terah (1)
Θεόφιλος, ου, ὁ	Theophilus (2)
Θευδᾶς, ᾶ, ὁ	Theudas (1)
Θωμᾶς, ᾶ, ὁ	Thomas (11)
Ἰάϊρος, ου, ὁ	Jairus (2)
Ἰακώβ, ὁ	Jacob (42)
Ἰάκωβος, ου, ὁ	James (42)
Ἰαμβρῆς, ὁ	Jambres (1)

Ἰανναί, ὁ	Jannai (1)
Ἰάννης, ὁ	Jannes (1)
Ἰάρετ, ὁ	Jared (1)
Ἰάσων, ονος, ὁ	Jason (5)
Ἰερεμίας, ου, ὁ	Jeremiah (3)
Ἰεσσαί, ὁ	Jesse (5)
Ἰεφθάε, ὁ	Jephthah (1)
Ἰεχονίας, ου, ὁ	Jechoniah (2)
Ἰησοῦς, οῦ, ὁ	Jesus, Joshua (914, 3)
Ἰουδαϊκός, ή, όν	Jewish (1)
Ἰουδαῖος, ου, ὁ	a Jew (193)
Ἰούδας, α, ὁ	Judas, Judah, Jude (33, 8,1)
Ἰούλιος, ου, ὁ	Julius (2)
Ἰουνιᾶς, ᾶ, ὁ	Junias (1)
Ἰοῦστος, ου, ὁ	Justus (3)
Ἰσαάκ, ὁ	Isaac (20)
Ἰσκαριώθ, ὁ	Iscariot (3)
Ἰσκαριώτης, ου, ὁ	Iscariot (8)
Ἰσσαχάρ, ὁ	Issachar (1)
Ἰωαθάμ, ὁ	Jotham (2)
Ἰωανάν, ὁ	Joanan (1)
Ἰωάννης, ου, ὁ	John (135)
Ἰώβ, ὁ	Job (1)
Ἰωβήδ, ὁ	Obed (3)
Ἰωδά, ὁ	Joda (1)
Ἰωήλ, ὁ	Joel (1)
Ἰωνάμ, ὁ	Jonam (1)
Ἰωνᾶς, ᾶ, ὁ	Jonah (9)
Ἰωράμ, ὁ	Joram (2)
Ἰωρίμ, ὁ	Jorim (1)
Ἰωσαφάτ, ὁ	Jehoshaphat (2)
Ἰωσῆς, ῆ; ῆτος, ὁ	Joses (3)
Ἰωσήφ, ὁ	Joseph (35)
Ἰωσήχ, ὁ	Josech (1)
Ἰωσίας, ου, ὁ	Josiah (2)
Καϊάφας, α, ὁ	Caiaphas (9)

Κάϊν, ὁ	Cain (3)
Καϊνάμ, ὁ	Cainan (2)
Καῖσαρ, ος, ὁ	Caesar (29)
Κάρπος, ου, ὁ	Carpus (1)
Κηφᾶς, ᾶ, ὁ	Cephas [Aram. "Rock" = Peter] (9)
Κίς, ὁ	Kish (1)
Κλαύδιος, ου, ὁ	Claudius (3)
Κλεοπᾶς, ᾶ, ὁ	Cleopas (1)
Κλήμης, εντος, ὁ	Clement (1)
Κλωπᾶς, ᾶ, ὁ	Clopas (1)
Κόρε, ὁ	Korah (1)
Κορνήλιος, ου, ὁ	Cornelius (8)
Κούαρτος, ου, ὁ	Quartus (1)
Κρήσκης, εντος, ὁ	Crescens (1)
Κρίσπος, ου, ὁ	Crispus (2)
Κυρήνιους, ου, ὁ	Quirinius (1)
Κωσάμ, ὁ	Cosam (1)
Λάζαρος, ου, ὁ	Lazarus (15)
Λάμεχ, ὁ	Lamech (1)
Λευί, ὁ	Levi (2)
Λευίς, ὁ	Levi (6)
Λίνος, ου, ὁ	Linus (1)
Λουκᾶς, ᾶ, ὁ	Luke (3)
Λούκιος, ου, ὁ	Lucius (2)
Λυσανίας, ου, ὁ	Lysanias (1)
Λυσίας, ου, ὁ	Lysias (2)
Λώτ, ὁ	Lot (4)
Μάαθ, ὁ	Maath (1)
Μαθθαῖος, ου, ὁ	Matthew (5)
Μαθθάτ, ὁ	Matthat (2)
Μαθθίας, ου, ὁ	Matthias (2)
Μαθουσαλά, ὁ	Methuselah (1)
Μαλελεήλ, ὁ	Maleleel (1)
Μάλχος, ου, ὁ	Malchus (1)
Μαναήν, ὁ	Manaen (1)
Μανασσῆς, ῆ, ὁ	Manasseh (3)

Μᾶρκος, ου, ὁ	Mark (8)
Ματθάν, ὁ	Matthan (2)
Ματταθά, ὁ	Mattatha (1)
Ματταθίας, ου, ὁ	Mattathias (2)
Μελεά, ὁ	Melea (1)
Μελχί, ὁ	Melchi (2)
Μελχισέδεκ, ὁ	Melchizedek (8)
Μεννά, ὁ	Menna (1)
Μνάσων, ωνος, ὁ	Mnason (1)
Μωϋσῆς, έως, ὁ	Moses (80)
Ναασσών, ὁ	Nahshon (3)
Ναγγαί, ὁ	Naggai (1)
Ναθάμ, ὁ	Nathan (1)
Ναθαναήλ, ὁ	Nathanael (6)
Ναιμάν, ὁ	Naaman (1)
Ναούμ, ὁ	Nahum (1)
Νάρκισσος, ου, ὁ	Narcissus (1)
Ναχώρ, ὁ	Nahor (1)
Νεφθαλίμ, ὁ	Naphtali (3)
Νηρεύς, έως, ὁ	Nereus (1)
Νηρί, ὁ	Neri (1)
Νίγερ, ὁ	Niger (1)
Νικάνωρ, ορος, ὁ	Nicanor (1)
Νικόδημος, ου, ὁ	Nicodemus (5)
Νικολαΐτης, ου, ὁ	Nicolaitan (2)
Νικόλαος, ου, ὁ	Nicolaus (1)
Νῶε, ὁ	Noah (8)
Ὀζίας, ου, ὁ	Uzziah (2)
Ὀλυμπᾶς, ᾶ, ὁ	Olympas (1)
Ὀνήσιμος, ου, ὁ	Onesimus (2)
Ὀνησίφορος, ου, ὁ	Onesiphorus (2)
Οὐρβανός, οῦ, ὁ	Urbanus (1)
Οὐρίας, ου, ὁ	Uriah (1)
Παρμενᾶς, ᾶ, ὁ	Parmenas (1)
Πατροβᾶς, ᾶ, ὁ	Patrobas (1)
Παῦλος, ου, ὁ	Paul, Paulus (157, 1)

Πέτρος, ου, ὁ	Peter (156)
Πιλᾶτος, ου, ὁ	Pilate (55)
Πόντιος, ου, ὁ	Pontius (3)
Πόπλιος, ου, ὁ	Publius (2)
Πόρκιος, ου, ὁ	Porcius (1)
Πούδης, εντος, ὁ	Pudens (1)
Πρόχορος, ου, ὁ	Prochorus (1)
Πύρρος, ου, ὁ	Pyrrhus (1)
Ῥαγαύ, ὁ	Reu (1)
Ῥησά, ὁ	Rhesa (1)
Ῥοβοάμ, ὁ	Rehoboam (2)
Ῥουβήν, ὁ	Reuben (1)
Ῥοῦφος, ου, ὁ	Rufus (2)
Σαδώκ, ὁ	Zadok (2)
Σαλά, ὁ	Shelah (2)
Σαλαθιήλ, ὁ	Salathiel or Shealtiel (3)
Σαλμών, ὁ	Salmon (2)
Σαμουήλ, ὁ	Samuel (3)
Σαμψών, ὁ	Samson (1)
Σαούλ, ὁ	Saul (9)
Σαῦλος, ου, ὁ	Saul (15)
Σεκοῦνδος, ου, ὁ	Secundus (1)
Σεμεΐν, ὁ	Semein (1)
Σέργιος, ου, ὁ	Sergius (1)
Σερούχ, ὁ	Serug (1)
Σήθ, ὁ	Seth (1)
Σήμ, ὁ	Shem (1)
Σιλᾶς, ᾶ, ὁ	Silas (12)
Σιλουανός, οῦ, ὁ	Silvanus (4)
Σίμων, ωνος, ὁ	Simon (75)
Σκευᾶς, ᾶ, ὁ	Sceva (1)
Σολομών, ῶνος; ῶντος, ὁ	Solomon (12)
Στάχυς, υος, ὁ	Stachys (1)
Στεφανᾶς, ᾶ, ὁ	Stephanas (3)
Στέφανος, ου, ὁ	Stephen (7)
Συμεών, ὁ	Simeon, Simon (7)

Σώπατρος, ου, ὁ	Sopater (1)
Σωσθένης, ους, ὁ	Sosthenes (2)
Σωσίπατρος, ου, ὁ	Sosipater (1)
Τέρτιος, ου, ὁ	Tertius (1)
Τέρτυλλος, ου, ὁ	Tertullus (2)
Τιβέριος, ου, ὁ	Tiberius (1)
Τιμαῖος, ου, ὁ	Timaeus (1)
Τιμόθεος, ου, ὁ	Timothy (24)
Τίμων, ωνος, ὁ	Timon (1)
Τίτιος, ου, ὁ	Titius (1)
Τίτος, ου, ὁ	Titus (13)
Τρόφιμος, ου, ὁ	Trophimus (3)
Τύραννος, ου, ὁ	Tyrannus (1)
Τύχικος, ου, ὁ	Tychicus (5)
Ὑμέναιος, ου, ὁ	Hymenaeus (2)
Φάλεκ, ὁ	Peleg (1)
Φανουήλ, ὁ	Phanuel (1)
Φαραώ, ὁ	Pharaoh (5)
Φάρες, ὁ	Perez (3)
Φῆλιξ, ικος, ὁ	Felix (9)
Φῆστος, ου, ὁ	Festus (13)
Φιλήμων, ονος, ὁ	Philemon (1)
Φίλητος, ου, ὁ	Philetus (1)
Φίλιππος, ου, ὁ	Philip (36)
Φιλόλογος, ου, ὁ	Philologus (1)
Φλέγων, οντος, ὁ	Phlegon (1)
Φορτουνᾶτος, ου, ὁ	Fortunatus (1)
Φύγελος, ου, ὁ	Phygelus (1)
Χουζᾶς, ᾶ, ὁ	Chuza 1)
Χριστός, οῦ, ὁ	Christ (529)
Ὡσηέ, ὁ	Hosea (1)

B. Women

Ἀγάρ, ἡ	Hagar (2)
Ἄννα, ας, ἡ	Anna (1)
Ἀπφία, ας, ἡ	Apphia (1)

Βερνίκη, ης, ἡ	Bernice (3)
Δάμαρις, ιδος, ἡ	Damaris (1)
Δορκάς, άδος, ἡ	Dorcas (2)
Δρούσιλλα, ης, ἡ	Drusilla (1)
Ἐλισάβετ, ἡ	Elizabeth (9)
Εὕα, ας, ἡ	Eve (2)
Εὐνίκη, ης, ἡ	Eunice (1)
Εὐοδία, ας, ἡ	Euodia (1)
Ἡρῳδιάς, άδος, ἡ	Herodias (6)
Θαμάρ, ἡ	Tamar (1)
Ἰεζάβελ, ἡ	Jezebel (1)
Ἰουδαία, ης, ἡ	Jewess (2)
Ἰουλία, ας, ἡ	Julia (1)
Ἰωάννα, ας, ἡ	Joanna (2)
Κανδάκη, ης, ἡ	Candace (1)
Κλαυδία, ας, ἡ	Claudia (1)
Λυδία, ας, ἡ	Lydia (1)
Λωΐς, ΐδος, ἡ	Lois (1)
Μαγδαληνή, ῆς, ἡ	Magdalene (12)
Μάρθα, ας, ἡ	Martha (13)
Μαρία, ας, ἡ	Mary (27)
Μαριάμ, ἡ	Mary (27)
Νύμφα, ας, ἡ	Nympha (1)
Περσίς, ίδος, ἡ	Persis (1)
Πρίσκα, ης, ἡ	Prisca (3)
Πρίσκιλλα, ης, ἡ	Priscilla (3)
Ῥαάβ, ἡ	Rahab (2)
Ῥαχάβ, ἡ	Rahab (1)
Ῥαχήλ, ἡ	Rachel (1)
Ῥεβέκκα, ας, ἡ	Rebecca (1)
Ῥόδη, ης, ἡ	Rhoda (1)
Ῥούθ, ἡ	Ruth (1)
Σαλώμη, ης, ἡ	Salome (2)
Σάπφιρα, ης, ἡ	Sapphira (1)
Σάρρα, ας, ἡ	Sarah (4)
Σουσάννα, ης, ἡ	Susanna (1)

Συντύχη, ης, ἡ	Syntyche (1)
Ταβιθά, ἡ	Tabitha (2)
Τρύφαινα, ης, ἡ	Tryphaena (1)
Τρυφῶσα, ης, ἡ	Tryphosa (1)
Φοίβη, ης, ἡ	Phoebe (1)
Χλόη, ης, ἡ	Chloe (1)

C. Spirits, Good or Evil

Ἀβαδδών, ὁ	Abaddon (1)
Ἀπολλύων, ονος, ὁ	Apollyon ["Destroyer"] (1)
Βεελζεβούλ, ὁ	Beelzebul, Beelzebulb (7)
Βελιάρ, ὁ	Belial (1)
Γαβριήλ, ὁ	Gabriel (2)
Λεγιών, ῶνος, ὁ	Legion (4)
Μιχαήλ, ὁ	Michael (2)
Σατανᾶς, ᾶ, ὁ	Satan (36)

D. Gods, Goddesses

Ἄρτεμις, ιδος, ἡ	Artemis (5)
Βάαλ, ὁ	Baal (1)
Διός, Δία	Zeus [gen., acc. of Ζεύς] (2)
Διόσκουροι, ων, οἱ	Dioscuri [Castor and Pollux, twin sons of Zeus] (1)
Ἑρμῆς, οῦ, ὁ	Hermes (2)
Μολόχ; Μόλοχ, ὁ	Moloch (1)
Ῥαιφάν, ὁ	Rephan (1)

E. Countries, Provinces, and Regions

Ἀβιληνή, ῆς, ἡ	Abilene (1)
Αἰγύπτιος, α, ον	Egyptian (5)
Αἴγυπτος, ου, ἡ	Egypt (25)
Αἰθίοψ, οπος, ὁ	Ethiopian (2)
Ἀραβία, ας, ἡ	Arabia (2)
Ἄραψ, βος, ὁ	Arab (1)
Ἁρμαγεδών	Armageddon or Harmagedon (1)
Ἀσία, ας, ἡ	Asia (18)

Ἀσιανός, οῦ, ὁ	Asian (1)
Ἀχαΐα, ας, ἡ	Achaia (10)
Βιθυνία, ας, ἡ	Bithynia (2)
Γαλάτης, ου, ὁ	Galatian (1)
Γαλατία, ας, ἡ	Galatia (4)
Γαλατικός, ή, όν	Galatian (2)
Γαλιλαία, ας, ἡ	Galilee (61)
Γαλιλαῖος, ου, ὁ	Galilean (11)
Γεννησαρέτ, ἡ	Gennesaret (3)
Δαλματία, ας, ἡ	Dalmatia (1)
Δεκάπολις, εως, ἡ	Decapolis (3)
Ἐλαμίτης, ου, ὁ	Elamite (1)
Ἑλλάς, άδος, ἡ	Greece (1)
Ζαβουλών, ὁ	Zebulun (3)
Ἰδουμαία, ας, ἡ	Idumea (1)
Ἰλλυρικόν, οῦ, τό	Illyricum (1)
Ἰουδαία, ας, ἡ	Judea (41)
Ἰουδαῖος, α, ον	Judean (2)
Ἰούδας, α, ὁ	Judah (2)
Ἰσραήλ, ὁ	Israel (68)
Ἰσραελίτης, ου, ὁ	Israelite (9)
Ἰταλία, ας, ἡ	Italy (4)
Ἰταλικός, ή, όν	Italian (1)
Ἰτουραῖος, α, ον	Iturea (1)
Καππαδοκία, ας, ἡ	Cappadocia (2)
Καῦδα	Cauda (1)
Κιλικία, ας, ἡ	Cilicia (8)
Κρής, ητός, ὁ	Cretan (2)
Κρήτη, ης, ἡ	Crete (5)
Κύπριος, ου, ὁ	Cyprian (3)
Κύπρος, ου, ἡ	Cyprus (5)
Κώς, ἡ	Cos (1)
Λιβύη, ης, ἡ	Libya (1)
Λυδία, ας, ἡ	Lydia (1)
Λυκαονία, ας, ἡ	Lycaonia (1)
Λυκία, ας, ἡ	Lycia (1)

Μαγώγ, ὁ	Magog (1)
Μαδιάμ, ὁ	Midian (1)
Μακεδονία, ας, ἡ	Macedonia (22)
Μακεδών, όνος, ὁ	Macedonian (5)
Μελίτη, ης, ἡ	Malta (1)
Μεσοποταμία, ας, ἡ	Mesopotamia (2)
Μῆδος, ου, ὁ	Mede (1)
Μυσία, ας, ἡ	Mysia (2)
Παμφυλία, ας, ἡ	Pamyphylia (5)
Πάρθος, ου, ὁ	Parthian (1)
Πάτμος, ου, ὁ	Patmos (1)
Πισιδία, ας, ἡ	Pisidia (1)
Πισίδιος, α, ον	Pisidian (1)
Ποντικός, ή, όν	Pontian (1)
Πόντος, ου, ὁ	Pontus (2)
Ῥόδος, ου, ἡ	Rhodes (1)
Ῥωμαῖος, ου, ὁ	Roman (12)
Σαμάρεια, ας, ἡ	Samaria (11)
Σαμαρίτης, ου, ὁ	Samaritan (9)
Σαμαρῖτις, ιδος, ἡ	Samaritan woman (2)
Σαμοθράκη, ης, ἡ	Samothrace (1)
Σάμος, ου, ἡ	Samos (1)
Σκύθης, ου, ὁ	Scythian (1)
Σπανία, ας, ἡ	Spain (2)
Συρία, ας, ἡ	Syria (8)
Σύρος, ου, ὁ	Syrian (1)
Συροφοινίκισσα, ης, ἡ	Syro-Phoenician woman (1)
Τραχωνῖτις, ιδος, ἡ	Trachonitis (1)
Φοινίκη, ης, ἡ	Phoenicia (3)
Φρυγία, ας, ἡ	Phrygia (3)
Χαλδαῖος, ου, ὁ	Chaldean (10)
Χανάαν, ἡ	Canaan (2)
Χαναναῖος, α, ον	Canaanite (1)
Χίος, ου, ἡ	Chios (1)

F. Cities

Ἀδραμυττηνός, ή, όν	Adramyttium (1)
Ἄζωτος, ου, ἡ	Azotus (1)
Ἀθῆναι, ῶν, αἱ	Athens (4)
Ἀθηναῖος, α, ον	Athenian (2)
Αἰνών, ἡ	Aenon (1)
Ἀλεξανδρεύς, έως, ὁ	Alexandrian (2)
Ἀλεζανδρῖνος, η, ον	Alexandrian (2)
Ἀμφίπολις, εως, ἡ	Amphipolis (1)
Ἀντιόχεια, ας, ἡ	Antioch (18)
Ἀντιοχεύς, έως, ὁ	Antiochian (1)
Ἀντιπατρίς, ίδος, ἡ	Antipatris (1)
Ἀπολλωνία, ας, ἡ	Apollonia (1)
Ἀριμαθαία, ας, ἡ	Arimathea (4)
Ἄσσος, ου, ἡ	Assos (2)
Ἀττάλεια, ας, ἡ	Attalia (1)
Βαβυλών, ῶνος, ἡ	Babylon (12)
Βέροια, ας, ἡ	Berea (2)
Βεροιαῖος, ου, ὁ	Berean (1)
Βηθανία, ας, ἡ	Bethany (12)
Βηθλέεμ, ἡ	Bethlehem (8)
Βηθσαϊδά, ἡ	Bethsaida (7)
Βηθφαγή, ἡ	Bethphage (3)
Γαδαρηνός, οῦ, ὁ	Gadarene (1)
Γάζα, ης, ἡ	Gaza (1)
Γερασηνός, οῦ, ὁ	Gerasene (3)
Γόμορρα, ας, ἡ; ων, τά	Gomorrah (4)
Δαλμανουθά, ἡ	Dalmanutha (1)
Δαμασκηνός, οῦ, ὁ	Damascene (1)
Δαμασκός, οῦ, ἡ	Damascus (15)
Δερβαῖος, ου, ὁ	Derbean (1)
Δέρβη, ης, ἡ	Derbe (3)
Ἐμμαοῦς, ἡ	Emmaus (1)
Ἐφέσιος, α, ον	Ephesian (5)
Ἔφεσος, ου, ἡ	Ephesus (16)
Ἐφραίμ, ὁ	Ephraim (1)

Θεσσαλονικεύς, έως, ὁ	Thessalonian (4)
Θεσσαλονίκη, ης, ἡ	Thessalonica (5)
Θυάτειρα, ων, τό	Thyatira (4)
Ἱεράπολις, εως, ἡ	Hierapolis (1)
Ἱεριχώ, ἡ	Jericho (7)
Ἱεροσόλυμα, ἡ; ων, τό	Jerusalem (67)
Ἱεροσολυμίτης, ου, ὁ	Jerusalemite (2)
Ἱερουσαλήμ, ἡ	Jerusalem (77)
Ἰκόνιον, ου, τό	Iconium (6)
Ἰόππη, ης, ἡ	Joppa (10)
Καισάρεια, ας, ἡ	Caesarea (17)
Κανά, ἡ	Cana (4)
Καφαρναούμ, ἡ	Capernaum (16)
Κεγχρεαί, ῶν, αἱ	Cenchreae (2)
Κνίδος, ου, ἡ	Cnidus (1)
Κολοσσαί, ῶν, αἱ	Colossae (1)
Κορίνθιος, ου, ὁ	Corinthian (2)
Κόρινθος, ου, ἡ	Corinth (6)
Λαοδίκεια, ας, ἡ	Laodicea (6)
Λαοδικεύς, έως, ὁ	Laodicean (1)
Λασσαία, ας, ἡ	Lasea (1)
Λύδδα, ας, ἡ	Lydda (3)
Λύστρα, ἡ, τά	Lystra (6)
Μίλητος, ου, ἡ	Miletus (3)
Μιτυλήνη, ης, ἡ	Mitylene (1)
Μύρα, ων, τά	Myra (1)
Ναζαρά, ἡ	Nazareth (2)
Ναζαρέθ, ἡ	Nazareth (6)
Ναζαρέτ, ἡ	Nazareth (4)
Ναζαρηνός, οῦ, ὁ	Nazarene (6)
Ναΐν, ἡ	Nain (1)
Νέα Πόλις, ἡ	Neapolis (1)
Νικόπολις, εως, ἡ	Nicopolis (1)
Νινευίτης, ου, ὁ	Ninevite (3)
Πάταρα, ων, τά	Patara (1)
Πάφος, ου, ἡ	Paphos (2)

Πέργαμος (ον), ου, ἡ, τό	Pergamum (2)
Πέργη, ης, ἡ	Perga (3)
Ποτίολοι, ων, οἱ	Puteoli (1)
Πτολεμαΐς, ίδος, ἡ	Ptolemais (1)
Ῥαμά, ἡ	Ramah (1)
Ῥήγιον, ου, τό	Rhegium (1)
Ῥώμη, ης, ἡ	Rome (8)
Σαλαμίς, ῖνος, ἡ	Salamis (1)
Σαλείμ; Σαλίμ, τό	Salim (1)
Σαλήμ, ἡ	Salem (2)
Σάρδεις, εων, αἱ	Sardis (3)
Σάρεπτα, ων, τά	Zarephath (1)
Σελεύκεια, ας, ἡ	Seleucia (1)
Σιδών, ῶνος, ἡ	Sidon (9)
Σιδώνιος, α , ον	Sidonian (2)
Σμύρνα, ης, ἡ	Smyrna (2)
Σόδομα, ων, τά	Sodom (9)
Συράκουσαι, ῶν, ἡ	Syracuse (1)
Συχάρ, ἡ	Sychar (1)
Συχέμ, ἡ	Shechem (2)
Ταρσεύς, έως, ὁ	Tarsian (2)
Ταρσός, οῦ, ἡ	Tarsus (3)
Τρῳάς, άδος, ἡ	Troas (6)
Τύριος, ου, ὁ	Tyrian (1)
Τύρος, ου, ἡ	Tyre (11)
Φιλαδέλφεια, ας, ἡ	Philadelphia (2)
Φιλιππήσιος, ου, ὁ	Philippian (1)
Φίλιπποι, ων, οἱ	Philippi (4)
Φοῖνιξ, ικος, οἱ	Phoenix (1)
Χαρράν, ἡ	Haran (2)
Χοραζίν, ἡ	Chorazin (2)

G. Bodies of Water

Ἀδρίας, ου, ὁ	Adriatic Sea (1)
Εὐφράτης, ου, ὁ	Euphrates (2)
Ἰορδάνης, ου, ὁ	Jordan (15)

Καλοὶ Λιμένες, οἱ	Fair Havens (1)
Τιβεριάς, άδος, ἡ	Tiberias (3)

H. Place Names

Ἀκελδαμάχ	Akeldama or Hakeldama (1)
Ἀππίου Φόρον	Forum of Appius (1)
Βηθεσδά, ἡ	Bethesda, alt. of Bethzatha (1)
Βηθζαθά, ἡ	Bethzatha, alt. of Bethesda (1)
Γαββαθᾶ	Gabbatha (1)
Γεθσημανί	Gethsemane (2)
Γολγοθᾶ	Golgotha (3)
Κεδρών, ὁ	Kidron (1)
Σαλμώνη, ης, ἡ	Salmone (1)
Σαρών, ῶνος, ὁ	Sharon (1)
Σιλωάμ, ὁ	Siloam (3)
Σινᾶ, τό	Sinai (4)
Σιών, ἡ	Zion (7)
Σύρτις, εως, ἡ	Syrtis (1)